現在の南武線が戦時買収される
以前の南武鉄道の情景。電車は
手前2両が元木造省電のモハ402
＋モハ401、最後尾は同社生え
抜きのモハ108。
　　　1939.11.11　稲田堤

グラフ　P(すべて)：荻原二郎

現在の鶴見線の前身となる鶴見臨港鉄道モハ30形(写真は2両のうちの31)は、同社軌道線(元・海岸電気軌道線)用に新製され、その廃止後
に鉄道線用に改造された車両。軌間変更、ステップ除去、集電装置のパンタグラフ化などかなり大掛かりな改造を受けている。
　　　　　　　　　　　　　　　　　　　　　　　　　　　　　　1939.11.15　工業学校前(現・鶴見小野)

現在の東急東横線の前身である東京横浜電鉄モハ510形510。後年のデハ3450形のトップナンバーで、現在もほぼ写真の姿に復元されて電車とバスの博物館に保存されている。

1937.11.14
多摩川園前（現・多摩川）

玉川電気鉄道を吸収した東横電鉄の玉川線（後の東急玉川線、現・廃止）の29号。木造ダブルルーフでオープンデッキ構造。側面窓配置が3-4-3となる点が25〜30号の特徴だった。

1938.9.26　山下

路面電車然とした単行電車が走るのは…現・京王線の桜上水だ。当時の社名は京王電気軌道で軌道法に基づく運行を行っていた。車両はモハ306、1936年日車製。

1938.4.9　桜上水

経営難かつ車両不足に陥っていた小田原急行鉄道（現・小田急電鉄）が、木造省電の譲渡を受けたのが同社史上唯一の木造車51形だ。河原口駅は現在の厚木駅で、行先サボにある通信学校駅とは現在の相模大野駅のこと。

1938.12.26　河原口
（現・厚木）

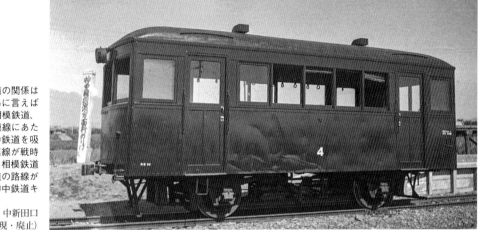

神中鉄道と相模鉄道の関係は複雑だが、少々乱暴に言えば神中鉄道が現在の相模鉄道、相模鉄道はJRの相模線にあたる。相模鉄道が神中鉄道を吸収合併した後、相模線が戦時国有化されたため、相模鉄道の手元に元神中鉄道の路線が残った形。写真は神中鉄道キハ1形キハ4。

1936.7.25　中新田口
（現・廃止）

東海道本線小田原にて入換に勤しむB10形6号機。テンダー機であった5500形を2B1タンク機に改造した成り立ちで10両が落成した。本線は既に電化されており、写真後方に機関車のパンタグラフが見える。

1939.9.4　小田原

千葉県の成田鉄道は1372mm軌間路面電車の宗吾線、非
電化1067mmの多古線、600mm軌間の八街線からなり、
写真は多古線の4号機が合造客車1両を牽く模型的な情景。
1939.11.27　成田

戦前には極めて異例と思われる、ヘッドマーク付
きの省電。夏季撮影でヨットの絵柄に列車名が「汐
風」ということで海水浴客向けの臨時列車と思われ
る。当時は船橋や幕張にも海水浴場があった。
1937.8.15　新宿

鉄道少年たちの夢を乗せて、ガソリンカー
は秋川渓谷を目指す。昭和14年の夏休み。
昭和5年日車支店製、五日市鉄道キハ105。
1939.8.16　熊川—東秋留

まえがき

付近は、なだらかな起伏に富んだ丘が連続して、麦畑と背の高い赤松林、武蔵野の面影を残す落葉樹林が散在していた。その中にあって電車が開通するまでは、昔からの近郊農家や中小の住宅、スペイン瓦の西洋館などがわずかに点在する典型的な東京郊外風景であった。

電車開通後は、小さな和洋折衷の住宅やマンサード屋根の文化アパートメントが建ち始めて、急速に住宅地化の様相を呈する様になったが、春はまだ一日中雲雀のさえずりも聞こえる、のどかな郊外住宅地でもあった。

新線の線路は、東南側丘陵の中腹を大きくカーブしながら横切り、西南側の谷間と向いの丘を見おろしつつ通過していた。

西南の丘の上にある駅は、10分おき位に普通電車が停まるホームが両側にあって、中央に数人が休める待合室が建っていた。線路は構内だけ4線になっていて、中央の2線は30分おき位に郊外へクロスシートの直通電車が、独特の軽いモーター音をうならして通過して行くのである。

小さな木造の駅本屋は、詰襟の駅員が2名程常駐していて、昼時には七厘で魚を焼いていた。

ある日の午後、真新しいカメラを持った少年が、上り本線に沿った坂道を登って来た。線路と道の間には、枕木を焦がした柵が並んでいて、その少年は坂の頂上近くの柵の前で立ち止まった。

柵の前には、下り本線に沿って貨物線路が2本、土留板で急造した築堤上に並んでいた。

小田急線モニ1形重連がけん引する上り貨物列車と交差する未電化の横浜線キハ41006号。今から70年前の町田付近の情景である。
　　　　　　　　　1935.3.25　原町田（現・町田）付近

少年はしきりに下り方向を気にしつつ何かを待っていると、かん高いホイッスルの吹鳴音が聞こえた！

少し西に傾むきかけた日ざしを受けて、大型パンダグラフをかざした電気機関車が、貨物列車をけん引してやって来た。本線の通過線北側にある渡り線を通り、下り線も横断して貨物線へ入った。ギシギシときしみ音をたてながら、砂利を満載した無蓋車7輌の列車は少年の目の前で停車した。

機関車は、少年の最も好きだった101号であった。造船所生れのせいか、船室の様な丸い窓が並ぶ黒光りの車体は、いつか科学画報誌で見つけた大陸の電気機関車の風格であった。カメラの少年は胸のときめきをおさえつつシャッターを切った。

1時間以上かかる砂利の投下作業が始まる前に、101号電関はスルスルと機廻し線を下り、編成の反対側に連結された。

貨物列車は、両端に緩急車が連結されていて、ここでは1輌も編成をくずされる事は無かった。夕方の下り急行電車が通過すると、後を追う様にして、空の貨物列車は西日に向けてゆっくりと出発して行った。

カメラを肩の少年も、満足気に日没の坂道を家路についた。

開業間も無い頃の小田原急行代々幡上原（現・代々木上原）、東北沢駅界わいと、大正生まれの鉄道カメラ少年第一歩の情景である。

（関田克孝）

趣味のはじまり

1915（大正4）年5月29日、千葉県内房の保田で生まれた私は、父の任地の関係で幼少期より長野県飯田、新潟県高田、相川（佐渡島）、東京の世田谷太子堂と引っ越しを経験し、ようやく落ち着いたのは小学校4年生（大正14年）になった時、東京府下の渋谷町代々木上原に転居して来て以降であった。

あちこち乗り物を経験したせいか、汽車電車は物心ついた時から好きだった様であるが、本格的に鉄道趣味が芽ばえ出したのは、上原に住む様になった小学校高学年からであった。特に、我が家から数丁離れた所で鉄道の新線工事が活発化した事によるのかも知れない。新宿〜小田原間を結ぶ小田原急行鉄道の建設工事である。

この当時、東京は震災の復興景気に連動して、市中より郊外地へ転居する事が流行し、山手線を中心にして郊外地を結ぶ多くの鉄道の新路線が開通した。

渋谷、新宿から近い代々木上原も住宅地として小田原急行の開通を待つばかりになっていた。

1926（大正15）年春頃には真白な砂利とレールの布設、架空線の設置工事が始まり、学校の放課後には、クラスの友人たちと工事の目撃情報を交換、遠方に出かけるわけでも無いので、試運転電車が入る同年中頃までは、どんな形の電車が走るのかが話題の中心であった。

白銀が輝やく鉄柱の新線に、赤に近いマルーンに塗られた1形の試運転電車が走る姿は、周辺の緑に映えて本当にきれいだったと記憶している。

旧制中学時代

1928（昭和3）年4月、旧制の東京府立六中（後の都立新宿高校）に入学して、開設間も無い代々幡上原（昭和16年代々木上原と改称）駅から学校のある新宿駅まで、待望の小田急線の定期券による電車通学が始まったのである。

通学途上には、新宿までの小田急電車と、新宿駅での中央線、山手線など省線車輌、そして駅から学校までの甲州街道の坂道を行き来する京王線の電車などが毎日観察でき毎日の通学は楽しみなものになった。ま

▲上は中学時代の日記帳。当日見た小田急の編成から関数の公式、先生の御機嫌まで記されている。下は当時から付けている写真台帳。撮影年月日には自信がある。

◀中学校の修学旅行。吉野山で見た日本最古のロープウェイ。1931.5.14 吉野千本口

夕暮れの東北沢駅に休む小田原急行鉄道101号（後のデキ1021）。私の鉄道写真第1号ショットである。この丸窓が並ぶ電機は川崎造船が満鉄撫順炭礦向けに造った電機とよく似ていた。
1931.3.22　東北沢

た、時々学校帰りに立ち寄る駅前通りの書店前は、東京市電の主要形式が集中するターミナルで、その並びの伊勢丹脇には入出線の形状が面白い市電の車庫もあった。

学校でのクラブ活動は科学研究部に属した。部員15〜6人の小さなクラブであった。当時、その後出来る事になる鉄道研究部の様な存在はまだ無かったが、その科学研究部には何名かの鉄道好きがいて、私の入部後は、私もその部員達も次第に鉄道好きが本格的な鉄道趣味へと発展し、メンバーも増えた。昼休みや放課後には私が集合をかけて、情報交換や模型の運転、見学会の打合せなどが重要な日課になっていた。

結局いつしか科学研究部の鉄道メンバーでは私が親分格になってしまい、小学校以来の後輩永江 賢君や中学校からの後輩の裏辻三郎君らも加わって、ますます加熱して行った。

3年生のある日、クラスの友人にカメラを持つ者がいて東京駅でのスナップ撮影を見せられた。これには大いに影響された。1931（昭和6）年3月21日、進級祝いだったと記憶しているが渋谷、宮益坂上のカメラ店で父にコダックのベスト判カメラを買ってもらった。シャッター速度が最高1/50位のカメラであったが、その晩はうれしくて仲々寝付けなかったのを今でも覚えている。

翌日、学校から帰ると、早々に近くの東北沢の駅まで向った。そこには半年程前に完成した貨物側線があって、砂利を満載した貨物列車が定期的にやって来ていた。当日は、偶然にも大好きであった101号電機の撮影に成功した。その後も東北沢は、長く私の撮影ポイントの一つになった。

この年、関西地方への修学旅行にカメラを持参したが、残念ながら天候など撮影のチャンスに恵まれず、吉野山のロープウエイが今に残す唯一の記念写真となってしまった。

中学時代から愛読していた月刊『鐵道』。今日見ても格調の高さを感じる。

カメラ片手に（昭和6〜9年）

中学生も高学年になると、上級学校へ入試準備に入るわけであるが、先のカメラを買ってもらった事が幸い（?）して、勉強以上に鉄道趣味に熱が入ってしまった。東京近郊は言うに及ばず、関東地方一円に電車ハイキングへ出かける事になった。また中学時代のもう一つの活動として、徒歩旅行会にも熱心に参加していた。身体のたん錬が目的の会で、学校の配属将校も参加していたが、肩苦しい事も無く、いつもカメラ必携の参加であった。耐暑、耐寒訓練など厳しい事もあったが、深夜に丸子多摩川渡月橋（東横線橋梁に添架してあった人道橋）を踏破した事など忘れられない思い出である。結局この頃鍛えた事が、のちの電車ハイキングに生かされて、歩く事が苦にならなかったのである。

1934（昭和9）年4月中央大学予科に入学して、鉄道趣味が一段落とはゆかず、さらに加熱している事が

まだ二段屋根の木造車も活躍していた中央線で、休日ハイキング臨電に使用された42系電車、モハ42002。本来の任地である大鉄局に投入される以前の出来事である。　　　　　　　　　1934.2.14　中野

日記帳の行動記録に残されている。この頃最も印象深い出来事として、大鉄向けモハ42系が、暫定的に中央線に集結した事である。木造車も混在する17m3扉車群にあって、20m2扉のクロスシート、貫通幌付きの新車編成は目を見張るものがあり、週末の浅川（現高尾）行き臨電に使用されている姿は、実に痛快であった。

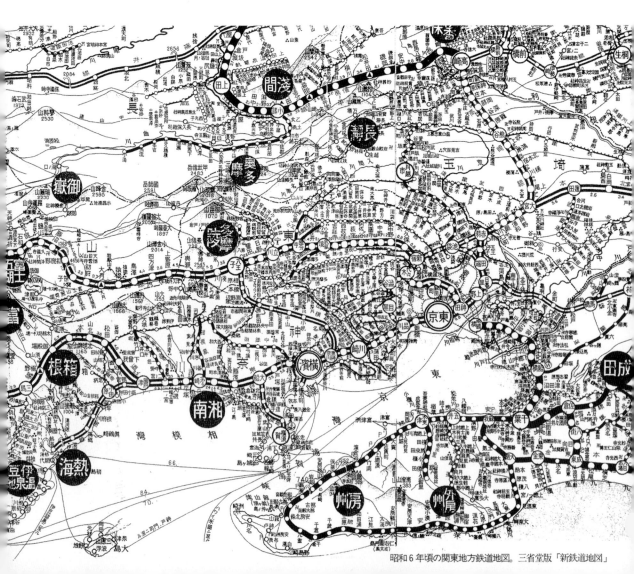

昭和6年頃の関東地方鉄道地図。三省堂版「新鉄道地図」

昭和10年より運転開始した週末温泉列車。毎週土曜日の午後に定員制で運転され、多客時は当時珍らしかった4輌編成で運転された。この編成はクハ
551＋モハ215＋クハ565＋モハ211。 1935.7.20 代々幡上原（現・代々木上原）－東北沢

1.小田原急行の印象

　私の電車観察の始まりは小田急である。それは
1925（大正14）年秋、上原の地に引っ越して来た時か
ら、その開業前段の工事期を初めとして、成熟期に至
るまでを、逐一目撃する事が出来たからであった。

　歌にまで唄われた1927（昭和2）年4月の開業期、
洋風な駅舎など何処かモダンなイメージの小田急だっ
たが、車輌も半鋼製のオール新造車が30輌も揃えられ
た。線路も広い軌道幅員で、直線が多く、白銀に塗ら
れ鉄柱など忘れられない思い出である。

■週末温泉列車

　開業期より新宿～小田原間に主要駅停車の急行が60
分間隔で登場した。当初の所要時間は105分であった
が、昭和10年代は90分代まで短縮された。

　1935（昭和10）年6月より、箱根入湯客輸送のため
座席指定の週末温泉列車（新宿～小田原間ノンストッ
プ）が毎週土曜日に下り1本、日曜日上り1本（主要
駅停車）の運転が開始された。多客時には当時まだ珍
しかった4輌編成も見られた。

　1929（昭和4）年4月には江ノ島線も開業。開業期
より、夏期海水浴輸送のため多数の臨時急行が運転さ
れた。昭和10年代は車輌が総動員され、南武鉄道の電
車が近郊用の応援のため入線し、捻出した近郊車を臨

時電車に振り向けていた。とにかく新宿と片瀬江ノ島
の駅前広場は、夏休み期間中人波みで埋めつくされて
いたのである。

モハ203。新宿駅に停車中の片瀬江ノ島行き直通電車で、後の準急に当る
もの。方向板の円形は江ノ島線直通電車（準急）を表し、四角は小田原
線の直通である。 1935.3.17 新宿

■東北沢の印象

昭和5年頃、駅の新宿側に松角材で組んだ長い土手が造られ、線路が敷かれた。ここに発着する砂利列車をみることが、毎日の楽しみになった。

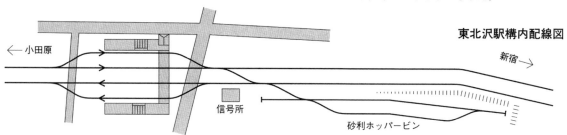

東北沢駅構内配線図

← 小田原

信号所

砂利ホッパービン

新宿 →

東北沢駅新宿寄りにあった貨物側線。線路に沿って砂利専用のホッパーがあった。停車中の電機は南武鉄道1004号。　　　　1936.2.2　東北沢

上の写真の反対側から撮った東北沢の貨物側線。ちょうど電機に代わってモニが空の列車を引き取りに来ていた。　　　　1933.7.13　東北沢

12

▶ある日の東北沢駅風景。待避
線に入った普通電車を追い越す
急行新宿行きモハニ101形103
号。モハニ101形は開通時の直
通用2扉クロスシート車として
12輌新造された。普通電車は応
援入線した南武鉄道113＋112
である。　　1938.8.21　東北沢

▼(左)小田急の砂利輸送の象徴
であった凸型緩急車トフ1300
形(1308)。昭和4年から翌年に
かけて14輌が製造された。
　　　　　　1936.7.14　東北沢

▼(右)昭和5年に登場した箱型
の201号(後のデキ1031)。正面
窓下に見える箱状のものは砂箱
である。戦前の小田原急行時代、
最後の新造電機となった。
　　　　　　1936.7.12　東北沢

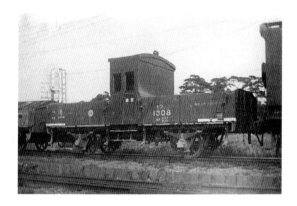

砂利列車を牽引して経堂－豪徳寺間を行く南武鉄道1000形電気機関車(1004号)。1000形は国鉄買収後はED27となる。この付近は経堂車庫の新宿側拡張
予定地である。　　　1936.2.2　豪徳寺－経堂

◀モハニ151形154号。モハニ131形と同型の3扉車で、近郊用も兼ねたのであろう。5輛が製造された。　1934.2.22　経堂

▼下り貨物列車401レ。モニ1＋ワフ1201の編成が代々幡上原近くの水道道路踏切を通過。この水道道路は現在の井の頭通りである。
1933.6.27　代々幡上原
（現・代々木上原）－東北沢

■車輌の思い出

　開業期、近郊用には3扉ロングシートのモハ1形18輌、直通（長距離）用には2扉クロスシートのモハニ101形12輌が揃えられた。いずれも日車製で、前面が少し円弧を描いた非貫通車であった。

　開業の末年、直通用で2扉クロスシートのモハ121形3輌と同2扉ロングシート合造車モハニ131形3輌、同3扉ロングシートのモハニ151形5輌が増備された。いずれも藤永田造船所製で、前面が同メーカー独特のゴッツイ平妻型。どういう訳か、荷物室側の前面だけ貫通扉を隠す様な扉構造になっていた。

　江ノ島線開通前後（昭和4～5年）には、直通用の

昭和2年の開業以来、貨物用として活躍した凸型の1号（後のデキ1011）。
1936.8.11　東北沢

　2扉ロングシートのモハ201形15輌と同型でクロスシートのクハ501形5輌、同ロングシートのクハ551形15輌計35輌が増備され、総勢76輌が昭和戦前期旅客用の主力となった。その他、開業期に荷物電車で電関代用にもなるモニ1形4輌、貨物けん引用の40トン凸型電機1形2輌が存在した。1形電機は武蔵野鉄道や上田温泉電軌にも同型車が存在したが、その上田のデロ301号機をごく初期の小田急線で目撃した事がある。車輌不足の応援入線か、納入前の試運転か理由は不明であるが、今日入線記録が残されていないため、写真を残せなかったのが残念でならない。

　1930（昭和5）年には101、201号電機が入線して砂利輸送も本格化した。また、建設当時からの蒸気機関車もこの頃まで存在した様であるが、私自身は目撃した記憶が無い。

　また、1938（昭和13）年頃、モハ51形を名乗る元省電の木造車が3輌入線した。乗り心地が悪い事と発電機の振動音の激しさが特徴であった。

春の経堂付近。201号の牽く上り砂利列車が行く。線路はここから徐々に築堤を上っていき、豪徳寺手前で先に開業した玉川電車をオーバークロスする。
1938.4.9　経堂－豪徳寺

▲開業時に投入された近郊用の
モハ1形18号。3扉ロングシー
トの日車標準タイプで、総勢18
輛が製造された。停車中の梅ヶ
丘駅はこの写真の2年ほど前、
昭和9年の開設、小田急では珍
しい島式ホームであった。

1936.5.21　梅ヶ丘

◀開業直後に3輌が登場したモ
ハ121形(121号)。同形は2扉ク
ロスシートの郊外直通用で、正
面丸妻の101形に対し、藤永田
造船特有の平妻であった。

1936.12.5　経堂

扉の存在があまり目立たないデザインの貫通側妻面を見せるモハ121形
122号。反対側は上の写真のように非貫通である。

1937.4.7　世田谷中原（現・世田谷代田）

モハニ131形133号。モハ121形と同型のモハニで、3輌が製造された。
丸窓部付近の窓二つ分がトイレと手荷物室で、客室はロングシートであ
った。

1932.3.26　新宿

▲昭和4年、江ノ島線開通に合せて新造されたロングシート車クハ551形。写真は560号で、正面に「ドアエンヂン装置車」の表示を掲出している。
1934.2.18 経堂

▶小田急史上唯一の木造電車モハ51形(51号)。昭和13年に鉄道省より3輛を譲り受けた。
1938.9.26 経堂

▼モニ改造の郵便荷物合造車モユニ1形1号。新宿貨物ホーム上屋には私鉄ターミナル駅の定番である近道広告の看板が省線から見えるように掲出されていた。
1939.4.25 新宿

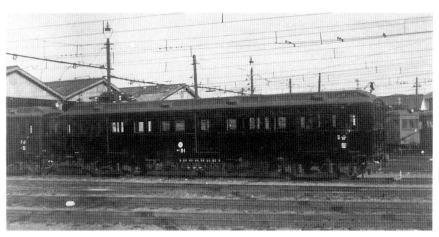

雪の世田谷を行く29号。世田谷線として現存するこの路線だが、走る車輌も、風景も、そして停留場の名前も、すっかり変わってしまった。

1936.3.9　六所神社（現・山下ー松原）

2．玉川電車を歩く

　1932（昭和7）年、東京市の市域が拡大して渋谷町の上原は新たに渋谷区へ属する事になった。その翌年には我が家そのものが、小田急線の豪徳寺〜経堂間の東側数丁の地に転居して現在に至るわけである。

　そこは、拡大市域で世田谷区宮坂に属し、上原よりも平坦で畑や屋敷森が多く、家の前からは神社の森ごしに坂を登り降りする玉川電車が見えた。至近の停留場は宮之坂、豪徳寺であったが、両方が後に統合されて宮ノ坂（現宮の坂）になった。

　当時の玉川電車は、沿線の人口が増加する一方の郊外電車的な性格と市内電車的な色彩を持ち合せて、趣味的に見てもバラエティに富んだ路線であった。

　昭和14年頃までの車輌を大別すると、1920（大正9）年改軌時の登場した単車1〜15号、同木造ボギー車でデッキ扉付きの16〜21号、1922（大正11）年増備の同形車でオープンデッキの22〜30号、1925（大正14）年製で在来車より少し大型の木造車31〜35号と同型で中央扉付きの36〜45号、1927（昭和2）年製で最初の半

鋼製2扉車46〜55号、1928〜29（昭和4）年製の同型で3扉の56〜66号、そして木造単車の有蓋電動貨車1〜5号、4輪無蓋貨車1〜20号が存在していた。

　大半が木造車で、多数のメーカーによって製造されているため、細部の分類を観察するのが楽しみの一つであったが、事故復旧や老朽化更生で電鉄木工班によっても手が加わっているため、その分類はさらに複雑なものになっていた。

戦前期の玉電の方向幕。渋谷以東を東京市に委託後、玉川が二子讀賣園になった昭和15年12月1日以降のものである。復員直後、大橋の車庫でいただいたものである。　　所蔵：荻原二郎

大正9年、玉川線改軌時に登場した1形（1〜15）の4号。名古屋電車製の標準型で、昭和8年に一部扉付きに改造された。方向幕に見える右書きの「たぬき」は砧行の事である。

1937.4.16　二子玉川

改軌時に登場した有蓋電動貨車1形（1〜5）の1号。連環式の連結器で貨車を推進および牽引した。東横時代の昭和16年に廃車となり、旧満州の新京交通（現在の中国・長春市）に譲渡された。

1932.10.17　二子玉川

山下駅に停車している29号。土手の上を小田急のモハ1形が通過していく。今日この位置に立つと、時代の変化を感ぜずにはいられない。

1935.6.30　山下

改軌直後の大正9年から登場したボギー車、16〜21号形の18号。窓構成が2-2-2-2-2でデッキ扉付。ホーム上屋の近道広告は東横・目蒲電車と対抗している時代に掲出。夜間は照明を当てていた。

1937.7.21　二子玉川

オープンデッキになった22〜30号形の24号。窓構成がメーカーによって異なり、大正11年製の22〜24号が2-2-2-2-2、大正12〜13年製の25〜30号が3-4-3であった。

1934.9.10　山下

市電の3000形によく似た31〜
35号形35号。大正14年製で、デ
ッキと室内が同レベルの低床車。
31〜35号形はこの後、昭和14年
に鋼体化改造が実施され、24頁
に掲載の71〜75号形となった。
　　　　　1936.12.27　山下

同じく大正14年製で、中央扉付
きになった36〜45号形の42号。
東横電鉄に吸収された直後の姿。
一部は後に両端を延長して扉付
きに改造された。なお、撮影地
は渋谷駅で、背後には東京高速
鉄道の高架が見える。
　　　　　1939.8.7　渋谷

昭和2年に登場した最初の半鋼
製車46〜55号形(53号)。再び2
扉で、デッキと客室が段付きの
高床車。どうも車輌設計に一貫
性が無い。　1936.9.11　山下

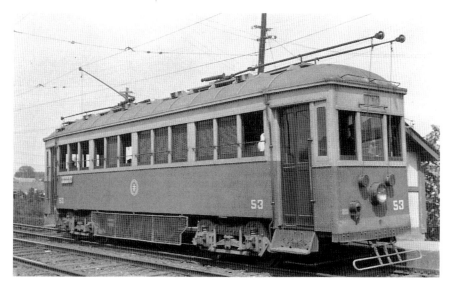

玉電の運転は相当密度の高いものであったが、世田谷線（当時高井戸線とも通称された）でも上町や山下で折り返し運転が行なわれ、多くが天現寺橋まで直通していた。しかし、1937（昭和12）年7月、渋谷駅に玉電ビルを建設して、電車をその2階に乗り入れる工事に着手するため、旧市内部分の渋谷〜天現寺橋、渋谷橋〜中目黒間の運転と車輌運用を分離してしまった。

分離区間には委託された東京市の単車400形が玉電の「玉」マークを系統番号板の位置に掲出して走っていた。しかし翌年の4月には玉電自体が東横電鉄に吸収合併されたため、今度は東横デパートと同じＴＹＫマークの掲出に変更された。

渋谷以西だけになって余剰になった1形単車は休車が進み、木造31〜35号は鋼体化される事になった。

1939（昭和14）年11月25日、私が出征する直前に新車の情報をもらい、上町停留場の上り線で鋼体化された71号（後のデハ61号）をキャッチする事が出来た。在来の玉電車輌には見られない明朗な印象であった。この時の写真、私にとって記念すべき東横電鉄を記録するラストショットであった。

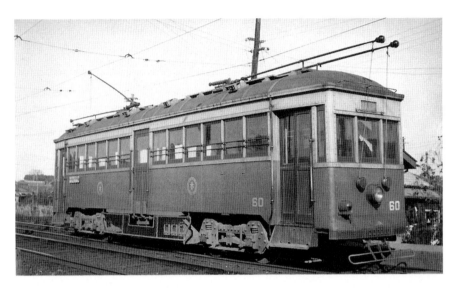

◀46〜55号形製造の翌年に登場した中央扉、連動ステップ付きの56〜66号形（60号）。主要駅で係員が待っていて中央扉の扉操作をした。

1936.11.25　山下

▼1939（昭和14）年に木造31〜35号を鋼体化した71〜75号形（後の東急デハ60形）の71号。各部の仕様が直前に合併した東横電鉄のモハ1000形（後のデハ3500形）に共通している。

1939.11.25　上町

大正15年、第一期開業に際し登場したモハ100形（101〜106）の101号。汽車会社製で、東京郊外の電車と思えない田舎然とした雰囲気である。
1938.3.27　矢向

3．多摩川に沿って

　中学時代から始まった徒歩旅行会は、卒業後も後輩の指導を兼ねて度々参加していた。徒歩旅行と言っても出発点までは電車で行くわけで、多摩川に沿って南武、五日市、青梅鉄道沿線は数え切れない程歩いた。

　珍しいものを発見すれば、後日同好の友人達と再び電車ハイキングへと出かける事になるのである。

■南武鉄道

　1927（昭和2）年3月9日、小田急開通の直前、まず川崎〜登戸間から営業運転を開始した南武鉄道（現・JR南武線）には、カメラを持つ前より度々乗車、見学する機会があった。

　14m級2扉の好ましいスタイルの田舎電車然としたモハ100形101〜115号が主力で、貨物用には鉄道省ED15を少し小さくした1000形電気機関車がいた。

　1936（昭和11）年頃、小田急と立体交差の登戸駅の南側に、両線の連絡線路が開通した。以後、夏期の海水浴輸送時に、南武のモハ100形が小田急線の近郊用に入ったり、両社の電機が相互に砂利列車を牽いて走っていた。また府中競馬の開催日には、小田急のモハ201、クハ551形などが入線して川崎〜府中本町間で使用されたりもした。

　1939（昭和14）年頃になると、木南製のセコハン半鋼製車や、元南海や阪神の玉子型5枚窓の木造車がサハになって登場。いずれも軸距の短いブリル台車をはいていて、車体とのバランスの悪さが愉快であった。

昭和6年に増備されたモハ100形（112〜115）の115号。同じメーカー製ながら洗練されたスタイルになった。夏季小田急線に応援入線した姿。
1938.7.24　世田谷中原（現・世田谷代田）

武蔵溝ノ口駅に停車中のモハ108＋モハ111、上り川崎行き。同駅は戦前から上下のプラットホームが千鳥配置になっていた。
1939.4.15　武蔵溝ノ口

昭和10年に購入した元木造省電モハ401・402号。翌年に鶴見臨港へ売却（番号そのまま）されたが、府中競馬輸送応援のため再び入線した際の姿。
1939.11.11　府中本町

入線間も無い頃の元木造省電のモハ500形502号。後に鋼体化されたが、南武鉄道の国有化により、再び省線電車となった。
1939.1.22　宿河原

昭和14年木南車輌製のクハ210形212号。木南の特徴の出た車体とブリル27GE-1台車がいかにも寄せ集めを思わせる。買収直後に廃車された。
1939.11.11　府中本町

1号。大正13年コッペル製のCタンク機関車で、同形の2号も存在した。鉄道省買収後に1195形という立派な形式が与えられた。

1937.8.12 武蔵五日市

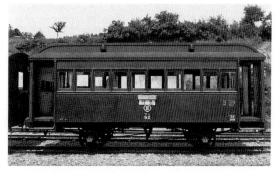

ハフ92号。開業期に日本車輌で製造された6輌の2軸客車の内の1輌。その容姿に似合わぬ「急行」のサボが楽しい。

1937.8.12 武蔵五日市

■五日市鉄道

五日市鉄道は大正末期、当時の大久野村に埋蔵する石灰石とセメント工場の製品輸送を主目的に建設された。そのため平日の旅客輸送は、朝夕を除けば微々たるものであった。しかし、季節の休日ともなれば様子は一変する。ハイカーを満載した臨時列車が急行運転をしたり、一般列車にも客車を増結して対応する程であった。沿線は秋川渓谷を始めとして茅倉尾根、大岳山などのコースが控えていたからである。

1937（昭和12）年のある日、立川駅で中央線を降り

て、南武線の隣リにある五日市鉄道ホームに行くと、スマートなボギーのガソリンカーが停車していた。当時の鉄道省キハ41000形の側面に同キハ42000形の前面を持つキハ501号であった。元来キハ42000形の側面は不揃いで見苦しいと思っていた私は、その美しさに感動したものである。

東京とは思えない野趣満々たる風景の中、C型タンクロコの牽く混合列車や2軸のガソリンカー、スマートなキハ501号などが走る姿は、どれも忘れられない思い出である。

昭和11年に登場したキハ501形502号。鉄道省のキハ41000形の側面とキハ42000形の先頭部という、異形式を組合せてまとめたデザインセンスには脱帽である。「武蔵五日市行き」の前サボが見える。

1937.8.5 武蔵五日市

■青梅電気鉄道

　南武、五日市鉄道と共に立川駅をターミナルとした青梅電気鉄道（現・JR青梅線）は、やはり石灰石や砂利などの貨物輸送が中心であった。

　電車は木造車や地味な半鋼製車で、当時はあまり興味がわかなかった。しかし電気機関車はイングリッシュ・エレクトリック製の強力なものであった。沿線も奥多摩の山々、御岳、鳩ノ巣、日原などの観光地を擁し、電車が多くのハイカーや登山客を山の麓まで運んでいた。

　1935（昭和10）年6月の休日、いつもの様に新宿駅急行ホームで中央線経由青梅電気鉄道直通ハイキング臨時電車を待っていると、横須賀線のモハ32系が入線して来た。普段は17mのモハ30系や木造モハ10系の混成が多い中、モハ32＋サハ48×3＋モハ32のクロスシート車フル編成！であった。

　当時、東鉄局にとってモハ32系は虎の子のロマンスカー的存在だったのかも知れない。

省サハ48形3輛をモハ32形がサンドイッチした2Ｍ3Ｔの5輛編成は、勾配のきつい青梅線では少し苦しそう。しかし、全車輌クロスの編成に、満員のハイカーは大喜びである。
1935.6.16 沢井付近

東海道線の優等列車を中心に活躍していた頃のEF55 1。前面の自動連結器は折りたたんで格納できるような仕様になっていたが、実際には普段はこの状態であった。

1939.9.14　鴨宮

4．東海道線を下って

■省機関車を楽しむ

　大正末期から東京近郊の東海道線、中央線などに多種多様な電気機関車群が投入され、時折省線電車の窓越しに、その黒光リした車体に砲金製の各部、ニス色の窓枠が美しく調和した姿に出会う事があった。いつの日にか列車の先頭に立つ勇姿をカメラに、と思っていた所、父が急に小田原へ単身赴任する事になって、その念願が叶う事になる。昭和9年春の事であった。

　それからは毎週の様に週末は炊事の手伝いを兼ねたカメラ片手の小田原通いが始まった。直接小田急で行く事が多かったが、次第に東横線、東海道線経由や東京駅東海道線経由などいろいろコースを楽しんだ。

　小田原を起点に、東海道線電機群を求めて国府津、早川鉄橋、根府川、熱海と歩き当時の主要形式をキャッチした。

　同年の12月には丹那トンネルが開通して、遠いと思っていた三島、沼津へも簡単に行ける様になった。沼津では憧れの三気筒機関車C53形やC51形、貨物のD50形などが、ひっきり無しに発着する光景を楽しんだ。

　一方、御殿場廻りの旧東海道線は、客貨共D50形の天下で、何かの都合で残っている長大貨物列車を除けば、既に幹線補助のローカル線の様相を呈していて、往年の賑わいを知る者として一抹の寂しさを感じたものであった。

黒一色の大型車体はひときわ目立つ存在であった、イングリッシュ・エレクトリック社製EF50 1号機。右のED51とは同メーカーのため側面のデザインがよく似ている。

1934.2.4　品川

東海道線電化当時に大量輸入された機関車群のうちの1輌であるイングリッシュ・エレクトリック社製のED51 3。非対称部分が多く、外観のインパクトの強さは輸入機中最高であった。

1931.7.18　東京

我が国最初の一般貨客用電気機関車ED10形の2号機。大正11年ウエスチングハウス製で、東海道線の貨物、区間旅客用と伊東線の貨客用に使用された。
1939.9.12　熱海

▲沼津駅で目撃したC51 246。同機は煤煙飛散対策としてブラストパイプを分岐させ煙突2本化（外見的には長円形1本に見える）した試作機であった。
1935.3.30　沼津
▶三気筒蒸機、C53 84の発車。連結器付近には御殿場回りの箱根越え用後補機として使用するため装備された、走行解放用の連結機解放装置が見える。
1933.5.10　国府津

■箱根登山鉄道　登山線

　1919（大正8）年6月に開通した小田原電気鉄道の登山線（箱根湯本～強羅）は、スイッチバック3ヶ所、最大勾配1000分の80で、粘着式の登山鉄道として我が国唯一の存在であった。

　1928（昭和3）年にはようやく今日の箱根登山鉄道の名称を名乗り、小田急の開通も併せて現在に至る回遊コースの一翼を担うことになった。

　1933（昭和8）年の私の日記帳から、当時の回遊の一端を要約して紹介すると、

　4月11日（水）　朝8時新宿発クハ565＋モハ123の編成に乗る。かなり速い。以下、小田原までに出会った車輌や運転について細かく観察―中略―9時半小田原着。10時まで父に会って用事を済ませ、町内電車（軌道線）101号に乗って湯本へ。湯本で登山線車輌を見てからチキ3号に乗る、強羅に12時着。通常ここからケーブルで早雲山だが、ケーブルの写真を撮りながら歩いて登る。早雲山から大涌谷（昼食）、姥子、湖尻、箱根神社、曽我兄弟墓経由で登山線の小涌谷駅まで歩き通し着いたのが夕方5時。登山線、町内線経由で小田原の父の官舎へ戻ったのが6時半だった。

　この当時、バスや遊覧船も多数運行されていたが、歩いてもこの時間で山を降りる事が出来たわけである。

　登山線の車輌としては、開業期からのチキ1形1～

ポール時代のチキ1形6号。少々見えにくいが、当時は車体中央に手荷物室を設置し、前後に特等、並等の客室を配していた。大正8年日本車輌製。
1934.4.11　箱根湯本

7号（米・GE製機器搭載）と1928（昭和3）年製のチキ2形8～10号（スイス製機器）がいて、いずれも木造車であった。なお、5号は大正15年に宮ノ下で谷底に転落して廃車になっていた。

　1935（昭和10）年10月、登山線の湯本～小田原間開通を期して半鋼製車チキ2形の増備111、112号とチキ3形の113～115号が登場した。機器の相違で別形式になったが同じ車体であった。この形式から密連付きとなって連結運転を可能としたが、チキ1形の螺旋式、チキ2形の自連（後に密連）は非常用であって車庫以外で使う事はなかった。

客室は前後とも並等化されたものの、中央に手荷物室を残したままのチキ1形3号。ホームには軌道線への乗り換え案内が見える。
1939.7.19　箱根板橋

昭和9年の等級制廃止後、荷物室も撤去され、2扉化されたチキ1形6号。屋根中央の旧パンタ台跡には、レール散水用の水タンクが設置されている。

1937.1.9　小田原

風祭－箱根板橋間、東海道との立体交差付近を行くチキ1号。この立体交差付近の線形は小田急が乗り入れるようになった今日も変わりない。

1939.10.27　風祭－箱根板橋

▲(左)昭和2年日本車輌製の
チキ2形9号。電装品はチキ1
形が米国製に対し、スイス製を
多用している。丸屋根の木造車。
　　1937.1.9　箱根湯本

▲(右)風祭－箱根板橋間を行
くユ1号。
　　1939.9.6　風祭－箱根板橋

▶イルミネーションで装飾した
チキ3形113号。これは夏季納
涼電車として運転されたもの。
　　1936.7.25　小田原

昭和10年、川崎車輌製のチキ3形（113～115）の114号。最初の半鋼製車のグループで、後の木造車鋼体化の基になった。このデザインは現在の車輌ま
で続いている。
　　　　　　　　　　　　　　　　　　　　　　　　　　　　　　　　　　　　　1939.10.27　箱根板橋－風祭

有蓋電動貨車ユ1形（1・2）の1号。大正10年日本車輌製で、町内線の小田原駅（貨物引込線）から登山線の強羅まで直通し、温泉街に荷物を輸送していた。前後の車輪間に登山線用の電磁吸着ブレーキが見える。　1939.5.31　早川口

■箱根登山鉄道　軌道線

　軌道線の歴史は古く、1900（明治33）年3月に国府津〜湯本間で電車運転を開始してからであった。

　その後、鉄道省の熱海線開通による競合区間の廃止や大被害の震災復旧に際して、軌間を登山線に合せて1372mmから1435mmへ改軌する工事など大きな変化を経て、昭和初期には小田原〜箱根湯本間の営業となった。

　1935（昭和10）年には登山線の小田原駅乗り入れに

明治33年の開業期のキキ1形1号。関東大震災でも生き延びた同車は美しく整備されていた。町内線が湯本まで直通していた時代の姿である。　1934.4.11　箱根湯本

伴い、箱根板橋〜箱根湯本間を廃止して、小田原〜箱根板橋間の町内電車（昭和15年市政施行で市内線）として長く親しまれた。

　1933（昭和8）年当時の車輌は、大震災を生き残った9輌の単車と東京市より購入した5輌の単車が主力であった。その他、少数の明治生れ付随車や電動貨車も在籍していた。

　いずれも木造の単車ばかりで、城下町の古い街並みとよく似合っていた。

湯本の構内で撮影した、明治生れの付随客車キフ20号付きの編成。
1932.5.7　箱根湯本

小田原町内中心部、幸町に停車する元東京市のキキ101号。「後車」の表示は続行運転の後部車を表す。幸町と早川口にあった交換設備では3輌ずつの交換ができた。　　　　　1934.4.14　幸町

箱根湯本付近を登る町内線キキ130形（131〜133）133号。昭和2年に東京市より譲り受けた。この年10月、登山線が小田原に乗り入れ、町内線の運転区間は小田原駅〜箱根板橋間に短縮された。　　　　　1935.3.27　入生田−箱根湯本

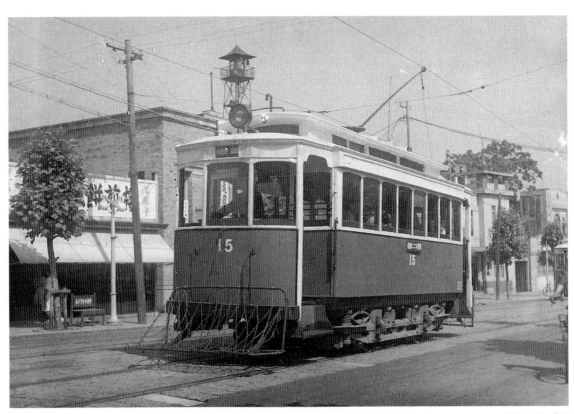

開業期からのキキ15号。大震災ではキキ1、7、10、13〜15号が生き残った。　　　　　1939.6.21　幸町

昭和3年、王子電軌より譲り受けたキキ45形（45〜47）の47号。元をただせば東京電気鉄道（外濠線）の車輌。
1935.9.6　幸町

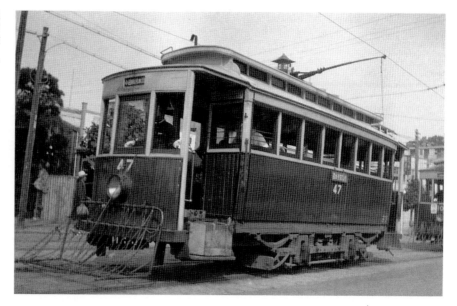

大正15年に東京市より譲り受けたキキ100形（101・102）の102号。
1939.9.14　幸町交差点付近

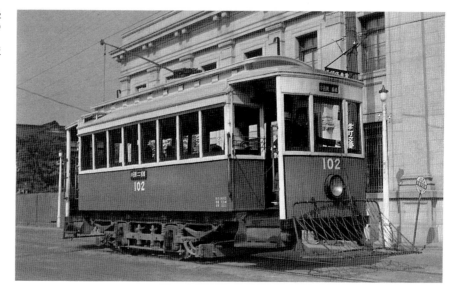

昭和2年、東京市より譲り受けたキキ130形（131〜133）の133号。キキ100形とは同型車である。
1934.8.2　幸町

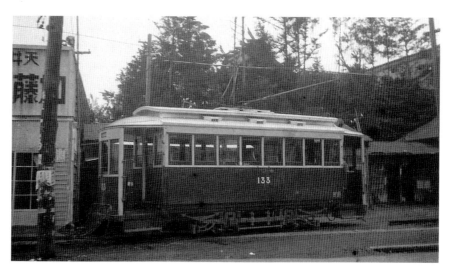

大正14年の開通時に登場したデハ1形（1～3）の3号車。　　　　　　　　　　　　　　　　　　　1939.10.14　相模沼田

■大雄山鉄道

　道了尊最乗寺の参拝目的で1925（大正14）年10月15日に開業した大雄山鉄道（現・伊豆箱根鉄道大雄山線）は、長い間小田原の町外れから発着していた。他の交通機関とは連絡も無く、唯一接近交差している小田急とも連絡駅は無く、全く孤立した路線であった。さらに終点の大雄山駅から道了尊までも相当の距離があって、建設が予定されたケーブルカーも工事途中で頓挫していた。

　そんなわけで1935（昭和10）年6月に小田原駅の現在位置に乗り入れるまでは、一般の参拝客からも見放されていた。

　車輌も駿豆鉄道合併（1941年）までは、開業期の木造ボギー車デハ1～3号と、私の訪問する直前に入線した元武蔵中央電軌13号のデハ11号が総勢の、全車輌がたった4輌という寂しさであった。

昭和14年8月、旧武蔵中央電軌の13号を譲り受け、鉄道線用に改造したデハ11形11号。駿豆鉄道合併後、再び軌道線用となった。　　1939.9.30　相模沼田

■駿豆鉄道　本線

　明治生れの駿豆線は、1918（大正 7 ）年に一部電車運転が開始されていた。

　起点の三島は、省線の駅が丹那トンネルの開通により旧東海道線（現・御殿場線）の下土狩から現東海道線の現在駅に移ってきたため、駿豆の三島ターミナル駅も1934（昭和 9 ）年12月に省線駅内に新設された。

　昭和10年代の車輌は、ラジアル台車で有名な元大阪高野鉄道の単車は多摩湖鉄道に売却されて既に無く、元院電系の車輌が中心であった。

　モハ30形は、鉄道院デハ6260形が目蒲電鉄デハ30形を経由した経緯のある車輌。 7 輌あってポール集電や着脱式のおへそライトが、当時としても珍らしい存在であった。

▲新しい三島駅に停車中のモハ20形（21〜23）の23号。元は鉄道省のデハ6280形で、大正15年に直接購入したもの。
　　　　1935.3.30　三島

▶昭和 4 年に目蒲電鉄より譲り受けたモハ30形（31〜37）の32号。元をただせば鉄道省のデハ6260形であった。暗くなると前面窓下中央に見えるステーにライトが取り付けられた。
　　　　1939.10.1　大場

▼モハ20形23号。ポール集電は戦後まで続いた。
　　　　1939.10.1　三島二日市

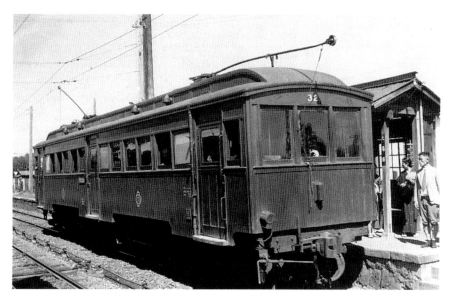

明治39年11月、開通当時に用意されたオープンデッキの単車1形（1〜7）の2号。大正期にベスチビュール付きに改造された。三島広小路－三島田町
間は駿豆本線（当時600V）に乗り入れていた。　　　　　　　　　　　　　　　　　　　　　　　　　　　　　　　　　　1939.10.1　三島田町

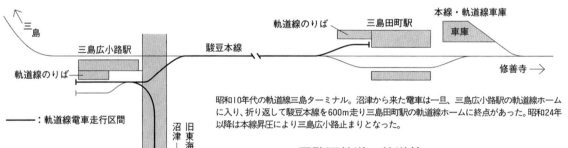

昭和10年代の軌道線三島ターミナル。沼津から来た電車は一旦、三島広小路駅の軌道線ホーム
に入り、折り返して駿豆本線を600m走り三島田町駅の軌道線ホームに終点があった。昭和24年
以降は本線昇圧により三島広小路止まりとなった。

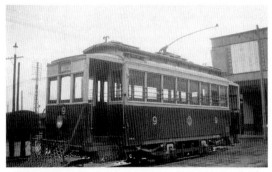

沼津駅前に停車中の9号。大正7年に登場した8形（8・9）で、大きな
救助網が特徴である。　　　　　　　　　　1935.3.30　沼津

■駿豆鉄道　軌道線

　電車運転としては静岡県最初（明治39年）の歴史を
持つ駿豆鉄道（現・伊豆箱根鉄道）の軌道線は島津線
とも称し、三島と沼津の街を旧東海道を経由して結ん
でいた。両端の古い街並みを除けば、広々した田園地
帯や松並木、横瀬川に架かる木橋などが印象に残る風
景であった。

　私の訪れた昭和10年〜14年頃の車輌は、木造オープ
ンデッキの単車1〜9（4、8はトレーラー）号と1925
（大正14）年製の丸妻、丸屋根で扉付きの11〜14号の
2種類がいた。各車バンドン式ピン連結器を装備して、
トレーラーや貨車をひく事もあった様であるが確認出
来なかった。

■神中鉄道

　現在の相模鉄道本線の前身である神中鉄道は、1933（昭和8）年12月27日に厚木～横浜間の全通を見た。当時全線非電化で、旅客列車には多様なガソリンカーと蒸気機関車による客車列車を併用していた。1926（大正15）年開業当初より輸送の中心が相模川水系の川砂利輸送にあったため、旅客輸送の近代化は二の次になっていた。

　しかし、昭和10年代に入ると、自治体などの川砂利採堀の規制が強化され、そのため貨物輸送減がそのまま神中鉄道の経営を苦しめ始めていた。電化されるとか、他の電鉄が経営に乗り出すとか、いろいろ噂を耳にしていたが、当時の沿線情景は実にのんびりしたものであった。

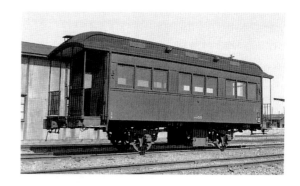

▲開業に際し汽車会社製の木造2軸客車10輌が誕生した。ハフ50形（50・51）の50号。
　　　　　1936.7.25　厚木

◀現在の小田急海老名検車区付近の築堤を行く上り旅客列車。3号機＋ワ＋ハフ102＋ハフ51。
　　　　　1939.9.27　厚木―相模国分

▼大正15年汽車会社製の1C1タンク機関車3号機の牽く上り旅客列車。客車はキハ30形を代用しているようである。
　　　　　1938.8.24　厚木―相模国分

1920年ポーター製のＤ型タンク機関車、１形の２号機。1920年の新造車にしては古すぎる様式と外見に、研究家の間から前歴は？と疑問の声が上った。
1936.7.25　中新田口

●謎のＤタンク～神中１形蒸気機関車～

　神中鉄道のＤ型タンク機１形１、２号は、1920（大正9）年米国ポーター社製で、神中線三ツ境付近の山越え用に粘着性の高いＤ型タンク構造とした。

　しかしこの１号機に関しては、同年製にしては全体に古臭い事や、Ｄ型タンク機は他に例が少ない（省4000形２輌、4030形３輛）事から何か前歴があるのでは、との疑問が『鉄道趣味』誌№38に白井茂信氏によって「謎の神中鉄道１号形機関車」と題して紹介された事があった。

２号機のキャブ側。この２号機はオリジナルの木造キャブを持っていたが、１号機は何故かスチール製の日本風のものになっていた。炭庫の丸穴はポーカー穴。　　　1936.7.25　中新田口

全盛期の相模鉄道

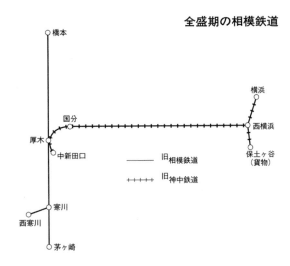

橋本
横浜
国分
西横浜
厚木
中新田口
保土ヶ谷
（貨物）
寒川
西寒川
茅ヶ崎

――――　旧相模鉄道
＋＋＋＋＋　旧神中鉄道

　現在に比べ海外文献や研究者が少ない時代だったが、当時は元北炭で省4000形（1901年製）の流転説が、両者共２輌ずつなので説得力もあった。しかし細部の寸法が異なる点や現車が樺太へ渡ったらしい事などで否定された。

　では1924（大正13）年着工の神中向け機関車が何故1920（大正9）年に完成しているのであろうか、第一、この年代に明治生れの4000形とほぼ同一設計車を海外発注するであろうか。今でも不思議に思っている。

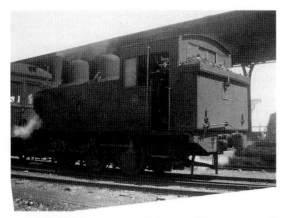

大正15年汽車会社製のC型タンク機関車、1形3号機。同じ生まれの神中3・4号機と良く似ていた。国有化後は1355形1357となったが、昭和24年に廃車された。　　　　　　　　　　　1935.3.25　厚木

昭和10年に登場したディーゼル電気式の気動車キハ1000形（1001～1004）の1004号。重連やサハを入れた3輛での総括制御を可能にした画期的車輛。　　　　　　　　　　　1939.11.2　社家

■相模鉄道

当時の相模鉄道とは、後に国有化される茅ヶ崎～橋本間、現在のJR相模線の私鉄時代の名称であった。全通は神中鉄道よりも新しく1931（昭和6）年の事で、両社は厚木で接続していた。

その旧相模鉄道も気動車と蒸気機関車牽引による客車列車の併用であった。中でも特筆されるべきは1935（昭和10）年汽車会社で製造されたディーゼル電気式

のキハ1000形で、横から見ると梯形状の車体、明るい塗装と共に軽快なエンジン音は忘れられないものであった。

なお経営的に順調であった旧相模は1943（昭和18）年に神中を吸収合併したが、翌年には茅ヶ崎～橋本間とその帰属する分岐線、つまり旧相模全体が国有化されてしまい、吸収先の旧神中だけが相模鉄道として残ったのはまことに皮肉な結果である。

昭和7年製のキハ1形（1・2）の2号車。同型、同一性能で窓1個分長いキハ100形も2輛在籍していた。プラットホームの鉄骨上屋は相模独特のものであった。　　　　　　　　　　　1939.9.27　厚木

クハ511。昭和8年から翌年にかけて登場した、京成初の近代的スタイルとなったクハ500形（501〜519）の1輌。　　　　1938.4.14　堀切菖蒲園

5．成田山・房総半島の休日

　私の出生地千葉県保田での幼児期の記憶は全く無いが、母方の実家があるため夏休みなど年数回訪ねるのが楽しみであった。中学時代に入ると行き帰りに、外房や半島の内陸、成田山、北総地方を単独行動で立ち寄った。

■京成電軌

　戦前期の京成電車は、東京の他の私鉄とあまり共通性を持たない独特の世界を持っていた。地方鉄道では無く軌道（1945年地方鉄道化）であったからかも知れないが、東京西南域の私鉄沿線在住ファンからすれば、その雰囲気に興味が引かれたものである。

　昭和10年頃の車輌は、まだ正面5枚窓（3枚に改造したのもある）の木造車や半鋼製車が主役であったが、1931（昭和6）年から登場したモハ200形20輌と、その連絡相手クハ500形20輌、計40輌が最初の近代的構造車として主役の座を急追し、さらには木造車鋼体化のモハ300形8輌もこの戦列に加わっていた。

　近代車は特徴として、扉の位置が両側面で2m程ずれていた。乗客を車内に均等分散する目的と思われるが、扉が開くと正面は座席に座る人！という事になるのだからチョッと考えてしまう。

　この時代の京成の塗装は、薄いグリーンに白帯をまいていた。

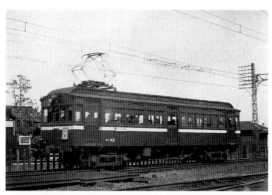

大正14年雨宮製のモハ39形（39〜44）の42号。正面はフラット5枚窓、側面は窓2個分の飾り窓付きである。　　　1936.3.10　青砥

モハ300形308号。昭和13年、木造車鋼体化によって登場した車体長14mのままの近代化車。　　　1939.7.29　京成津田沼

雨宮製のモハ39形44号。昭和2年立石駅追突事故の復旧に際し、同年に登場したモハ45形に近い丸屋根、飾り窓無しの異端児になった。さらに形式離脱車号の穴埋めのため38号と改番後、押上駅で戦災により焼失した。どこまでも不運な車輌であった。　　　　　　1938.7.22　京成関屋

大正15年に登場した京成最初の半鋼製車モハ100形（101〜125）の106号。停車中の駅は日暮里〜新三河島間に位置し、昭和20年4月1日廃止された道潅山通り駅（高架）である。　　　　　　1938.5.30　道潅山通

■成田鉄道　宗吾線

　京成電車や省線の成田駅に降り立つと、駅前から賑やかな参拝道と並行しながら不動尊門前までチッポケな木造単車の電車が頻繁に往復していた。千葉県で最初（1910年開業）の電車、成宗電軌（1927年成田鉄道と改称）である。

　駅前からはその反対方向の京成電車と並行した宗吾へも線路が延びていた。しかし、こちらは複線で開業したものをわざわざ単線化（1918年）したらしく、運

明治43年の開業に際して登場したⅠ形（1～15）の2号車。窓2個目の支柱が異様に太いのが特徴。大正期に函館へ9輛が売却され、その末裔の一部が今日でも健在である。　　　　1937.7.28　京成成田駅前

転本数も少なくなっていた様に記憶している。

　車輛では東京市電の払い下げ木造単車が、昭和10年代でもびっくりする程原形に近い形で活躍していたのが印象に残っている。

■成田鉄道　多古線

　成田鉄道の多古線は、元々1911（明治44）年に千葉県営鉄道の一部として成田～三里塚間を鉄道聯隊払い下げ品を活用した600mm軌間で開業したのを始めとして、途中より1067mm軌間で建設した区間も含めて1926（大正15）年に多古線（成田～三里塚～八日市場間）、八街線（三里塚～八街間）の全線が開通を見た。その後、成田電気軌道に吸収されて成田鉄道となり、八街線を除いて軌間も1067mmに統一され、地図上でも実質的にも総武線を短絡する線に成長した。

　1939（昭和14）年11月、私自身の出征祈願のための成田山参拝の帰り、時間の制約もある中、成田駅近郊と駅で撮影のみ済ませた。

　無事に復員してから八街線（昭和15年廃止）も含めて全線の乗車を念じつつその日は帰路についた。

　しかし、皮肉にも成田鉄道全線が戦時不要不急路線に指定されてしまい、再び見る事も乗る機会も逸する事になってしまった。

大正10年に東京市から元外濠線のヨソ六形を3輛購入、2代目7～9号とした。どう見ても明治時代そのままの姿である。　1937.7.28　京成成田駅前

4号機の牽く501レ混合列車が成田駅を出発する。大正14年日立製のCタンク機関車1～4号のうちの1輌である。　　　　1937.7.28　成田

昭和10年頃の成田鉄道

▶昭和4年雨宮製の標準タイプのガソリンカー、ガ104・105形の104号。
この車輌は後に東武鉄道のキサハになったと言われる。
　　　　　　　　　　　　　　　　　　　　　1937.7.28　成田

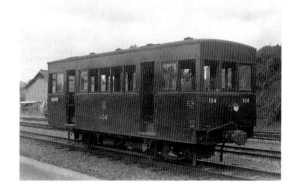

ホハニ1。大正15年、将来の成田－八日市場間の軌間統一に備えて、鉄道省中型標準タイプに準ずるホハニ1形1・2、ホハ1～3、ホロハ1～3号が新造された。後に東武のサハになった。　1939.11.27　成田

国産内燃機関車として最も古い部類のD1001号機は、昭和6年新潟鉄工製。主に貨物列車とその入れ換えに使用されていた。後年、西武鉄道で活躍していたと聞いたが、再会せずに終わった。　1939.11.27　成田

■半島の夏休み

　1929（昭和4）年、私が中学2年の春に房総東西線が半島の南端で連結された。

　この頃より夏には多数の臨時列車が運転され、両国発の半島を一周して来る列車や行先不明の列車など、それは賑やかなもので、両国駅前が人で埋めつくされたと新聞記事になる程であった。

　この一大リゾート地、房総半島は、古い車輌の集積地にもなっていた。機関車も客車も相当なもので、鋼製客車など見た事は無く、鉄道地勢的にも外界と接触

久留里線で活躍するネルソン6200形改造の1070形蒸機。
1933.7.25　木更津

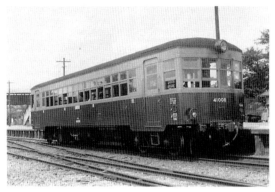

成東駅に休むキハ41008号。ベージュとブルーの気動車色への塗り替えが始まった頃である。　　　　　　　　　　1936.8.31　成東

点が少なく、車輌が封じ込められ易い鉄道の独立王国になっていたのである。

　それだけ趣味的には面白い地域でもあった。昭和10年頃までの房総東西線には、東海道、横須賀線を追われた多くの8850形が配置されていた。この当時鉄道趣味誌には、その形の美しさからか8850形の動向が常に注目されていて、本来電車ファンの私でも関心が向いてしまった。しかし、その頃から目に見えて数を減らし始め、短期間で主役の座を8620形に譲って、新小岩、千葉、勝浦の側線に休車の姿をさらしていた。

昭和初期の房総東・西線には東海道線、横須賀線から転じた8850形が集結していた。鴨川付近で車窓から見た8868号機牽引の貨物列車を撮る。
1931.8.13

C12の牽く久留里線列車。C12とワム21000形、省中型客車3輌の美しい編成である。千葉県営鉄道として誕生した久留里線は大正12年に国有化、昭和5年に1067mmに改軌、そしてこの写真を撮影した1936年8月に上総亀山まで延伸開業し、現在の形となった。　　　　1936.9.3　上総清川付近

九十九里鉄道

　ある夏の日、何かで東金駅に降りた際、駅の外れを出発して行く単端式のキハ201号を発見、少し追いかけて写したのがこの一葉である。いつも車窓から眺めていた九十九里鉄道も、戦前期については結局この1枚だけになってしまった。

昭和11年の夏休みの終わり、東金駅の外れで聞いたキハ201号のエンジン音は、今でも耳に残っている。小さな単端式気動車、緑豊かな田園の中を、片貝海岸に向けて走っていった。　　　　1936.8.31　東金

上巻の編集を終えて

　以前より荻原二郎さんの膨大な記録写真を是非写真集に、とのプランを何度も聞いていましたが、その量と分野が広い事もあって、どのプランも中々進行していないのが実情の様でした。今回、荻原さんの鉄道少年時代に限って、とのお話しが直接ありましたので、微力ながらお手伝いさせていただく事としました。

　大正4年生まれの荻原さんがカメラを持つ様になった中学時代の昭和6年から、浪人、予科学生、法学部大学生、大学卒業と同時の応召で中国戦線へ出征する昭和14年末までの8年間、鉄道少年、青年時代に撮り続けた作品を中心として、併せて当時の趣味活動と電車ハイキングの思い出を語っていただきました。

　そのうち上巻の巻頭では、学生時代を中心に紹介し、下巻では出征の頃までを紹介する予定です。また、写真は、極力未発表を中心とし、過去に小さく発表され

たものでも、貴重な場面はなるべく大きく扱う事としました。

　荻原さんと言えば、戦前戦後の東京近郊私鉄電車が中心というイメージが強い様ですが、実はほとんど全国区で、しかも電車はもちろん、汽車、客貨車、軽便に至るまで、あらゆる分野を、今日に至るまで自分の足で歩き、記録し続けられています。この事は、荻原さんのもう一つのライフワークである〝歩く〟ことが幸いしていたからかも知れません。

　今でも、世田谷線沿線を始めとする東急各線や小田急線などの沿線で、一眼レフを肩にかけた御歳90歳卒寿を迎える荻原さんが、若いファンに「ヤァッ」と声をかけている姿をお見かけします。その様な光景を見るにつけ、ファンは健康、特に足が丈夫である事が必要十分条件と、身をもって証明されている様に思えてなりません。そのため本題にも、あえて〝電車ハイキング〟を強調したわけです。　　　　　構成：関田克孝

神中鉄道厚木―相模国分間の築堤を行く1形が前後についた上り貨物列車。厚木発の上り貨物列車が換算で20輌になると、もう1輌の1形が後補機として三ツ境駅まで後押しをしていた。　　　　1939.9.27

●参考文献（順不同）
『鉄道ピクトリアル』（電気車研究会）各号
『鉄道ファン』（交友社）各号
『鐵道』（国際鐵道社）各号
『鐵道趣味』（鐵道趣味社）各号
『私鉄史ハンドブック』和久田康雄著（電気車研究会　1993年）
『小田急五十年史』（小田急電鉄　1980年）
『内燃動車発達史』湯口徹著（ネコ・パブリッシング　2004年）

"マレー"に乗って。函嶺越えに活躍したアルコ製
9750形9766号を、中学の友人と訪れた大宮工場
に発見。すぐさまよじ登って記念撮影(左が私)。
1933.6.10　大宮工場

はじめに

1935（昭和10）年を中心として、その前後数年間の国内社会一般は、戦前期においてはつかの間の良い時代であった。

鉄道趣味の世界も、そろそろ一般にも知られはじめた頃で、趣味活動に発展するであろうと思われる実物鉄道の画期的な出来事や鉄道博物館での行事、学生を中心にした団体活動など、鉄道が一つの趣味として認知されるきっかけを造った。

時代の要請でもあった航空関係には遠く及ばないが、鉄道趣味雑誌の種類も増加して、模型を始めとして趣味の範囲にも広がりを見せる様になった。「実物機関車の設計法」や「駅名の研究」「映画の話」「写真の撮り方」など、今日でも通じる様

な記事で埋めつくされる様になった。その趣味雑誌には、どれにも写真の頒布会の広告が載っていた。編集部が直接のもあれば、専門店の広告もあって、どれも会員を募って毎月一定枚数の写真が送られて来るものであった。専門家が撮った写真は、鉄道写真のイロハを知らない若いファンにとって、大いに勉強になったのは言うまでも無い。私自身、カメラを持ってからようやく人に見せられる様になったのは相当後の事で、趣味誌や頒布会などの影響無しには考えられないのである。

1937（昭和12）年頃から参加した写真交換会も忘れられない思い出である。趣味誌の読者欄や友人の紹介がきっかけとなって参加したもので、主

催する本部（個人）にある程度自信のある写真を会員数分だけ焼増しして送り、本部から定期的に各会員へ郵送するものであった。会員数は大体20人位だったが、私が参加していた会は、若き宮松金次郎、黒岩保美、伊藤東作の各氏がそれぞれ主宰していた。他にも数グループの交換会を耳にした事があるので、東京だけでもかなりの数の会が存在した事であろう。サイズは普通の名刺判位が中心で、野球カードやメンコの様に束ねて整理する人や、アルバムに会員氏名別にベタ貼りする人などいろいろで、毎月何が送られて来るのか待つ楽しみは、また格別であった。

懐かしく思い出される会員の氏名に、谷川義春、堤泰一郎、飛鳥二郎、橋本哲次、高橋慶喜、根本茂氏…らが挙げられ、それぞれの特徴、凝縮したものなど、現在で言う情報源の役割りも果していて、言い尽くせないくらい勉強になった。

戦時下ではほとんどの会が休止に近い状態になる中、私自身も戦地に身を置いて、内地から友人を介して送られて来る写真には、大いに慰められたものである。この様な体験から、写真は今でも広く交換する事に心がけている。写真交換会、今日実施してみても面白いかもしれない。

戦前期、つかの間の良い時代の鉄道趣味界と趣味誌の一断面を紹介した。

（荻原二郎）

旧多摩鉄道の英国ダブス製I-B-Iタンク機AI号のひく旧西武鉄道多摩線の旅客列車。旧西武との合併後には、マッチ箱客車にまざって本線から入線した全鋼製のクハ600形が、客車代用として活躍した。
1938.9.25　新小金井一多磨墓地前

昭和10年代の鉄道趣味

　一年間の浪人生活を経て、1934（昭和9）年の4月に中央大学の予科に入学。学業に専念するためにいよいよ鉄道趣味も不拡大方針！とはゆかず、結構な泥沼状態に陥ってしまった。電車ハイキングには、以前にも増してあちこち出かける事になったが、体を鍛える目的の徒歩旅行会にも、中学のOBとして、引き続き参加していた。この頃一番印象に残ったものとして、常南電気鉄道のワンカットがある。当日友部から桐生の方へ出る用事があったため、常南の下見のつもりで土浦付近で1枚撮ったが、結局この後すぐ廃止されたため、常南唯一の写真になってしまった。

　1936（昭和11）年、2.26事件のあった直後、伊勢崎の叔父からブローニー判のカメラ「パール」を贈ってもらった。大学の法学部に合格した祝いであった。それまでもブローニー判カメラを使用していたが、友人から借りたもので、シャッター速度が速い専用カメラを手にした事で、撮影対象の幅が拡がったように思う。当時、何人かの友人とカメラの貸し借りは頻繁に行われ、10台位のカメラを経験したと記憶している。中にはガラス乾板のドイツ製カメラを借りて、京王線北沢

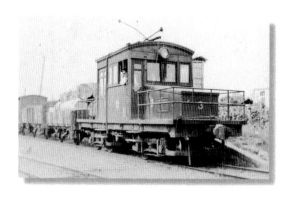

昭和10年代、ファンの間に流行した写真交換会で入手した写真。当時最も早い情報交換の場でもあった。上は堤　泰一郎氏撮影の駿豆鉄道の雨宮製電気機関車3号。下は飛鳥二郎氏撮影の東武鉄道浅草雷門行き急行列車。いずれも戦地で受け取り、大陸帰りとなった写真である。

たった一枚の常南電鉄、5号。下見のつもりのワンショットが唯一の写真になった。　　　　1935.8.3　土浦－桜川（桜川橋梁）

車庫（現桜上水）内で形式写真を撮った事もあった。

　この頃の愛読書には、中学時代からの『鉄道』に加えて『鉄道趣味』も創刊されていて、諸先輩の写真から、角度や構図でも大いに影響を受けた。また編集部や友人を介して高松吉太郎氏や宮松金次郎氏、黒岩保美氏、西尾克三郎氏、小山憲三氏らとも知りあい、意見を交換したり、沢山の知識をいただいた事はこの上ない幸福であった。

裏辻三郎君の事

　中学時代で忘れる事の出来ない友人に裏辻三郎君がいた。彼は4年下級の後輩で、科学部や鉄道趣味で行動を共にする事が多かった。出身は四国・香川県で、公家の血縁をひく由緒正しき家柄であったと言う。

　4年も下だと普通は友人になりにくいが、彼は別で、鉄道趣味の水準も高かった。温厚で真面目な男であったが、あまり丈夫では無かった。杉並の天沼に姉と住み、地域柄中央線の省電や西武、武蔵野、京王、東上などを中心にローカル私鉄も熱心に観察していた。中学卒業後、東京商大（現一ツ橋大学）に入り、在学中の1940（昭和15）年頃、当時としては珍しい台湾へ汽車旅行を実行している。

　1945（昭和20）年の春、大学の卒業を待って応召。入隊の前日、彼が突然我家に来宅、覚悟していたのか写真の一切を私に預けて帰った。しかし、入隊の当日、体調が原因して即日除隊となってしまったのである。そのため当初から内定していた大阪の金属会社に就職を決め、赴任の挨拶のため再び我家の玄関先へやって来た。入隊前日からまだ数日後の事である。あわただしい赴任で写真も託されたままに別れた。

　結局これが彼に会った最後で、終戦間も無い8月25日、任地の大阪で病没してしまった。あまりの早世が惜しまれてならない。

出征、大陸へ

大陸では蘆溝橋での一発の銃声が、泥沼の日中戦争へ発展していた。

1939（昭和14）年、大学の卒業を待つ様にして兵隊検査、12月には現役入隊で高崎の聯隊へ入営した。直後、部隊は大陸へ移動する事になり列車で広島へ。宇品港から船で上海呉淞に上陸、構内で広軌9600の活躍する上海北站で一泊の後、同じく広軌のC51が牽くワム3500形の列車（相当の長編成）で杭州へ向う。途中で鉄道省から徴用された機関車、客貨車たちを沢山目撃したが、カメラを持参しなかった事が悔まれた。

銭塘江支流に沿った内陸の富陽鎮に到着、ここの守備隊に配属された。特別大きな戦闘も無い地域であったが、その代わり未曽有の大水害に会い、部隊全体が食料不足に陥った事もあった。

近くに鉄道も無かったので、内地の裏辻君から送られて来る写真が唯一の楽しみであったが、いつどうなるか判らないので、見終れば内地へ返送するという事を繰り返していた。しかし、半分位は我が家に着かず、何処かへ消えてしまった。

1942（昭和17）年末、栄養不足がたたって脚気をわずらい現地の野戦病院へ入院、上海の病院へ転院する

大陸での第一歩は、上海北站。夜間到着後に構内で仮眠。朝起きると、大陸の車輌に並んで、キューロクやC51、スハ32、ワム3500などを見て驚いた。　　内閣情報部編集『寫眞週報』昭和13年4月6日号より転載

時は、将校しか乗れない徴用客車スロ32形に乗る事も出来た。その後内地へ転院、1943（昭和18）年3月には除隊となり、体調はまだ完全では無かったが、無事に宮の坂の我家に帰還する事が出来た。

復員後、休息もそこそこにカメラをかついで東横線、神中線を経由して小田原へ。戦時体制下の大東急を体験してみた。また6月には二子玉川－溝ノ口間の玉電を改軌して大井町線の乗り入れも目撃する事も出来た。

そして同年7月には知人の紹介で東京急行電鉄に入社を決め、調査部をかわきりにして長い東急時代の第一歩が始まったわけである。

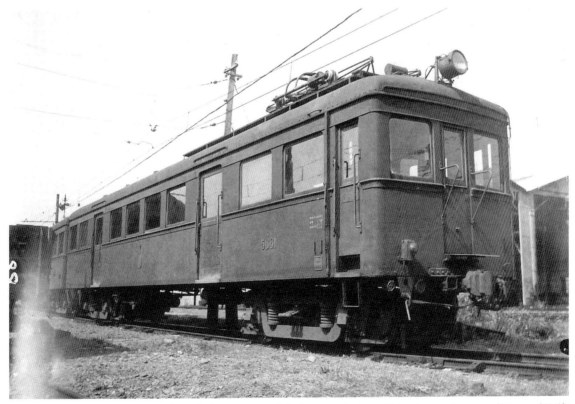

裏辻君は熱心な武蔵野ファンであった。川造タイプの全鋼製クロスシート車、武蔵野鉄道サハ5661＋デハ5561。　　　1940.3.3　保谷　P：裏辻三郎

カメラ片手に（昭和10〜14年）

　1935（昭和10）年に入ると、法科進学を控えて電車ハイキングも徒歩旅行会も遠距離は大幅に減ってしまう。特筆に値するものは、8月に出かけた常南電鉄位かも知れない。

　翌11年も、前半は進学の件で時間をさかれるが、後半からは相当出かける事になる。

　昭和12〜14年は、大学生活で時間に余裕が出来た事とカメラ事情が良くなった事が幸して、相当アチコチ出かける事になり、結局戦前期の写真の半分は、この3年間の撮影である。

まだ連環式連結器、おヘソライトの頃の目蒲モハ1形（6〜）9号車。短い車体の割に広い車体幅と客室扉が特徴であった。　　1931.7.19　二子玉川

1．東横、目蒲、池上電鉄時代

　後年入社する事になる東京急行電鉄の前身である東横、目蒲、池上電鉄は、沿線の西域に居住している事もあって、最も身近な存在であった。中学時代から沿線には徒歩で二子玉川、丸子多摩川、等々力、九品仏、洗足池、雪ヶ谷などの一帯を何度も歩いた。沿線が急速に開発される直前の頃で、麦畑の中、どの方角に足が向いても、しばらく歩くと線路にぶつかる楽しい地域であった。

　1935（昭和10）年頃になると、東横、目蒲電鉄の沿線は住宅化が進み、両社で共通使用する車輌も大量に増備が続けられた。当時の両社の車輌は、開業期の小型木造車モハ1形を除けば、全部三ッ扉の典型的な近距離用電車だった。特に1927（昭和2）年製のモハ500

形5輌は、窓配置d1D4D4D2の両運転台式で、俗に関東私鉄標準タイプと呼ばれる窓配置の元祖であった。その後、改良型としてモハ510形が1931（昭和6）年から5年間に亘り50輌が投入されて、標準車になった。

　この他の車輌で特筆すべきは、1923（大正12）年製の木造モハ1形が10輌がある。1〜5号と、後の増備で車体幅の広い6〜10号に分けられ、阪神急行や信貴生駒に同型車が存在する12m弱の小型車。この当時は、全車大井町線に終結していて、ラッシュや休日には2輌編成で活躍していた。

　1936（昭和11）年に登場したサハ1形4輌も特徴的な存在である。省電払い下げの木造車を鋼体化したもので、関東私鉄最初の完全サハ設計車であった。モハ510形にサンドイッチされて東横線渋谷〜日吉間を3輌編成で活躍した。

自動連結器、屋根上ライトになったモハ1形（6〜）6号車。初期の目蒲線、東横線で使用された後、大半が大井町線に集結した。

1932.3.31　二子玉川

明治43年鉄道院新橋工場製のモハ20形23号。正面玉子型5枚窓は省時代に平妻化されてはいるが、1輌毎に細部が異っていた。　1937.3.10　二子玉川

目蒲モハ311。昭和2年川崎造船製のクハ1形1号を電動車化して、モハ300形（301〜307／303を除く）に合流して311号としたもの。赤に近い鉛丹色の屋根と、非常に濃い緑色が、リベットだらけの車体によく似合っていた。

1937.1.15 二子玉川

モハ
311

　そして、同年に登場したもう一つの1形、キハ1形8輛も忘れられない存在であった。急増する旅客に変電所の容量が対応出来ないための苦肉の策として、気動車を急行用に投入したものである。成績はともかく、車体のスマートさと、そのインパクトの強さは、他に例も見ないものであった。電力節約目的で登場したキハ1形も、日中戦争の拡大による燃料不足が影響して短命に終ってしまった。

　単なる思いつきにも見える提案を実行した事に驚かされたものである。

昭和11年、ブルーとイエローの塗装で颯爽と登場した東横キハ1形（8号）。しかし、東横線での活躍はあまりに短かった。　　　　1936.8.13　渋谷

築堤上の省線五反田駅の上に高架で乗り入れた池上電鉄。周囲に高い構築物の無い時代なので、ひときわ高く思えた。　　1932.1.30　デハ201

■池上電鉄

　目蒲よりも古くから計画されながら、工事の遅れがたたって、省線と目蒲、東横電鉄に封じ込められる形になってしまった池上電鉄は、五反田～蒲田間の優良な住宅街を結んで細々と生きていた。

　しかし一年に１回は、その存在が認識される日がやって来るのである。それは毎年10月の池上本門寺お会式の当日で、蒲田で連絡する省線や京浜電車まで終夜運転をする程のものすごい人出であった。

　目蒲電鉄に吸収された直後の昭和10年頃の車輌は、開業期からの木造小型ボギー車は予備車を除いて姿を消し、省線払い下げの３扉木造ボギー車10輌と、池上電鉄発注の半鋼製17m３扉デハ100、200形（目蒲形式モハ120、130形）８輌が主力で、合併直後に目蒲のモハ100形も数輌入線していた。

　同社は調布大塚から国分寺までの新線計画も持っていて、途中の新奥沢までは開業したものの、その先が目蒲の大井町線計画と競合した事がきっかけとなって、1934（昭和９）年に会社もろとも目蒲電鉄に吸収されてしまった。

▲鉄道省デハ6310形を譲受けたデハ20形26号。左に見えるのは初期の池上電鉄が駿遠電気鉄道より購入した丙号車（デハ11・12）の廃車直前の姿。
　　1933.4.14　雪ヶ谷車庫

◀池上電鉄の誇った半鋼製大型車デハ101号は、目蒲電鉄に吸収されてモハ120形120号となった。デッカー系機器が嫌われて、終始池上線に封じ込められていた。　1939.3.8　石川台

2．湘南に遊ぶ

　戦前から東京に住む子供達にとって、夏休みは、江
ノ島、鎌倉、逗子を中心とした湘南方面で出かける事
が決まり（？）であった。

　その際に、電車少年であれば、初めて江ノ電や京浜、
湘南、横浜の市電などに出会った経験をもつ人も多いは
ずで、私も小学生時代の海水浴の折りに乗った江ノ電
の印象が強く、中学時代からは季節に関係無く出かけ
るようになったのである。

■京浜・湘南電鉄

　京浜電鉄に私が最初に出会ったのは、1928（昭和3）
年頃で、ポール集電、木造車中心、電圧600V、軌間1372
mmの時代であった。ポール集電ではあったが、見慣れ
た市電や玉電と違って、すでに路面電車を脱して、郊
外電車のシステムを採っていた。私が中学校4年にな
った1931（昭和6）年4月1日には、品川（高輪）～
横浜間で急行電車の運転も開始された。関東地方では
最初の都市間連絡急行の運転である。

　一方、湘南電鉄は、1930（昭和5）年4月1日より、
横浜の黄金町～浦賀間と金沢八景～湘南逗子間を、電
圧1500V、軌間1435mmで一気に開通させていた。さら

初期の京浜・湘南電鉄両社は美しい沿線案内パンフレットを沢山出していた。特に湘南電鉄の春夏秋冬シリーズはデザイン的にも優れていた。

に、紆余曲折した横浜市街地での京浜－湘南接続計画
は、両社が日ノ出町まで新線を建設する事に決定、京
浜側の分担区間は、本線の改軌を想定した1435mm軌間
で建設が進められていた。

　1931（昭和6）年12月26日に完成した横浜～日の出
町間は、仮に1500Vで湘南車のみで運転、1933（昭和
8）年4月1日には品川～横浜間の改軌工事が600Vの
ままで完成して、懸案だった品川～浦賀間の直通が実
現した。この時、京浜側の昇圧を先延ばしにして、電

京浜47号。大正10年、京浜電鉄は将来の連結運転に対応するべく鉄骨木造車体で総括制御機器を準備した41号形（41～50）10輌を登場させた。客室扉と
窓高を直線に揃えている。　　1939.11.15　総持寺

京浜電鉄の横浜駅に乗り入れた湘南電鉄デ1形3号（複電圧車）。湘南と直通するための京浜側の建設区間（横浜〜日ノ出町）が昭和6年12月に完成した。しかし、未改軌の京浜車は使用出来ず、区間運転用に湘南デ1形を2輌借り受けた。翌年には京浜デ71形の竣功で2輌は返却され、昭和8年4月には、京浜側の改軌工事も完成して、両社の直通運転が開始された。
1932.6.13 横浜

圧の境界を横浜から湘南の上大岡としたため、京浜側のポール車が上大岡まで姿を現わすのが見られた。この頃の直通は、600Vの京浜線を走れる複電圧のデ1・デ71形で、クロスシートと展望できる大きな窓が、一般の人たちにも評判になった。

昭和10年代には、京浜側の木造車が夏期輸送用に制御車化され、シーズンの終った生麦車庫へ行くと、クハになった木造車群がズラリと並ぶ姿が見られた。

湘南電鉄乗り入れ当初の横浜駅配線

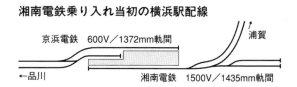

昭和6年12月26日、京浜電鉄横浜〜日ノ出町間が開業したが、軌間や架線電圧といった規格は湘南電鉄に合わせたものであったため、実質的には横浜が京浜・湘南の分界点となった。直通までわずか1年強ではあったが、このように乗り換えに便利な配線となっていた。

京浜電鉄最初の半鋼製電車51号形（51〜70）63号。側面窓も大きく、独創的なデザインの車輌であった。昭和2年にウエスチングハウス製密着連結器を装備した。
1939.11.15 京浜鶴見

●制御車のバラエティ

京浜・湘南直通化後、デ1、デ71・83形など複電圧の直通車が大量に増備されたが、夏期海水浴客輸送では、なお直通車が不足するため、デ11〜13、デ25〜27、デ28〜31の10輌を昭和8年に複電圧の制御車に改造した。明治生まれの木造車も浦賀や逗子に顔を出したわけであるが、シーズンオフには全く使用されず生麦車庫でゴロゴロ昼寝をしていた。

◀11形12号。明治38年生まれの木造ボギー車を大正13年に車体を更新、昭和8年に制御車化したもの。側面窓、外吊り扉などが特徴であった。
1939.7.4　生麦車庫

◀25形25号。明治44年天野工場製の優雅なデザインの車体。総勢3輌で、改軌後制御車化された。後年、大東急時代に3輌共東横線入りしたが、結局使用される事は無かった。
1939.7.4　生麦車庫

▼28形28号。典型的な京浜木造ボギー車も改軌後に3扉の制御車となった。こちらも大東急時代に東横線に転属しているが、同線では使用されなかった。
1939.11.15　生麦車庫

無蓋電動貨車7号。路面の工事及び復旧作業用に頻繁に活躍した。資材と作業員を満載して横浜駅前を通過して行く同車。　1936.5.7　横浜駅前

■ハマの市電

　私がカメラを持って出かけ始めた頃の横浜は、被害を大きく出した大震災の復興も終って、街は活気に満ちていた。夕方、市電の停留場は何処も人で溢れていて、満員の電車をやりすごすために次々電車を待っていると、永久に乗れない位の状況であった。当時の市電が混雑していた理由に、他の交通機関が十分で無かった事も大きいが、車輌のほとんどが収容力の少ない単車ばかりで、しかも大半が小型の木造車であったからであろう。

　1934（昭和9）年のある日、高島町駅前の停留場で、当時唯一の3扉ボギー車1000形を待つために10台以上を見送った事があった。中央にある扉は、あまりに広いため1/3が固定されていた。また、1936（昭和11）年に登場した2扉の1100形は、背もたれの低いクロスシートが配されていて、復興のメインストリートに並んだモダン建築群と共にヨコハマらしいハイカラなイメージを楽しむ事ができた。

300形300号。震災後に局工場で10輌製作された。比較的早期に廃車されている。クリームと胴まわりブルーに角形唐草模様、窓枠と扉がニス塗りであった。
　　1934.7.30　高島町

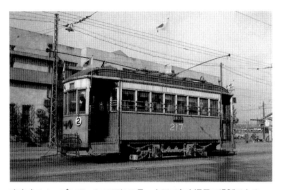

高床式のオープンデッキ200形217号。大正13年交通局工場製である。
1939.11.15 生麦

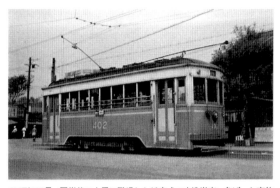

400形402号。震災後に大量に登場した低床式の木造単車。角ばった車体と浅いダブルルーフが特徴。
1938.9.10 六角橋

◀半鋼製の低床式単車、500形550号。総勢60輌が40年間に亘って活躍した。昭和3年、雨宮製作所製。クリームと胴まわりのライトグリーンにオレンジ帯は昭和10年代の塗装。
1938.5.22 本牧

▼最初の半鋼製三扉の大型ボギー車1000形1015号。同期の500形と共通した車体造作である。中央の扉は3分1閉め切りの時代で、他に全開き、完全閉め切り、入口専用、車掌付き出入口など、色々な使われ方をした。
1939.7.4 生麦

夏の名物 "サンマーカー" 1～3号形3号車。夏期以外は窓ガラスを取付けて使用された。納涼電車は他に、トレーラーを電装した11、12号とボギー車111、112号が存在。塗装は白に近い水色で、屋根は白一色であった。1～3号は、昭和15年に武蔵野鉄道に売却されている。　　　1933.9.10　極楽寺

■江ノ島電鉄

　夏の思い出は、やはり江ノ電である。中学時代の友人の家が、片瀬に夏だけ別荘を借りていて、よく海水浴に出かけた。

　七里ヶ浜の海岸や片瀬の街を走る納涼電車も忘れられないものである。いわゆる "サマーカー" の事であるが、当時何故か "サンマーカー" なる愛称の方が、一般的に通用していた。その "サンマーカー" には、海水着のまま乗れるため、鵠沼や由比ヶ浜などの別荘地から沿線の海まで、海の家で着替える事なく泳ぎに行き帰り出来るようになっていた。"サンマーカー" には、単車で1～3・11・12号があって、夏期以外は1・2号だけガラス付き窓枠をはめて使用した他は休車としていた。

　単車が主力であった江ノ電も、1929（昭和4）～1931（昭和6）年頃よりボギー車の新造や中古車の購入が始まって、ついにボギー車の "サンマーカー" も登

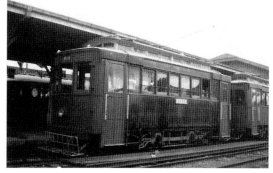

明治生れの15～24号形の20号車。オープンデッキの典型的な木造単車であったが、昭和8年頃、外吊り扉が設置された。　　1934.8.29　藤沢

場した。こちらは西武の軌道線から来た111・112号で、本来の車体以外に夏期限定の車体を新造し、夏が終れば極楽寺車庫であくびしていた元の車体に載せ替えるわけである。

　当時の極楽寺車庫は、今日と位置関係、規模はほとんど変らないが、小型車輌ばかりの時代には、ずいぶん広く思えた。クマゼミの声がさわがしい車庫の裏へまわると、オンボロの一ツ目デトや連結電車の休車、"サンマーカー" の元車体などがゴロゴロしていて面白かった。また、1932（昭和7）年頃まで沢山在籍していた明治生れの単車とその付随車の多くは、半鋼製ボギー車と入れ替わりに廃車となって、七里ヶ浜の海岸に運ばれバンガロー村で第二の人生を送っていた。この時代、サンマーカーとバンガローがシンボルであった。

昭和10年頃の
極楽寺車庫配線図

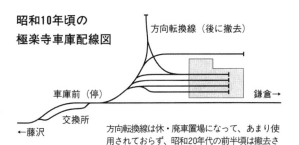

方向転換線（後に撤去）

車庫前（停）

鎌倉→

交換所

←藤沢

方向転換線は休・廃車置場になって、あまり使用されておらず、昭和20年代の前半頃は撤去されていた。

七里ヶ浜の海岸沿いから竜口寺へ向かうカーブを行く100形106号。塗装はカーディナルレッド（チョコレート色に近い）で、屋根は白色であった。
1934.8.29　腰越（旧駅　昭和19年6月30日休止）

帝都電鉄が小田原急行を乗り越すための築堤工事が進む。現在の下北沢、ガーダーは茶沢通りの位置である。　　　　1933.6.9　下北沢－池ノ上

3．武蔵野ハイキング

　私の住む東京西南域は、いわゆる武蔵野台地の真只中にあって、1935（昭和10）年頃は住宅化が進んだとは言え、何処を向いても緑豊かな自然林やきれいな湧水の出る涯線にぶつかった。

　我家の近傍で電車ハイキングをしていれば、自然に武蔵野散策をする事になるわけである。

■帝都電鉄

　1932（昭和7）年に入ると、渋谷～吉祥寺間を走る東京郊外電鉄（東京山手急行と渋谷急行の合併社名）の旧渋谷急行線の建設工事に関する記事が新聞誌上を賑わす様になった。近隣の私鉄新路線としては小田急以来とあって、その計画には人一倍関心を持ったもの

である。その中でも、我家から近い小田急との交差地点てある下北沢付近の工事では、私にとって最初の定点観測とも言うべき記録を残す事が出来た。

　翌昭和8年8月1日、社名も新たに帝都電鉄と改称の上、渋谷～井の頭公園間が開通した。車輌は全て新造車輌モハ100形101～109号が揃えられた。関東私鉄の標準的窓配置で、大きな窓、解放式の片隅運転台、一体鋳鋼製の台車が特徴であった。また、飛行機の格納庫を思わせる永福町の車庫には、何度も出かけて、美しい車体と重々しい台車を見学させてもらった。

　帝都線の沿線は、渋谷～明大前の郊外住宅地と明大前以遠の典型的な武蔵野風景とにはっきりと別れていた。片隅式の運転台横の前面窓をいっぱいに開けて、その武蔵野風景を楽しんだ頃が、なつかしく思い出される。

開業期に川崎車輌で製造された100形104号。開放運転台のため外観からは運転台の仕切り類は一切見えない。
1937.10.25　西永福

代田二丁目（現・新代田）駅を出発する102＋101の編成の渋谷行。2輌編成は朝夕と日曜が中心。　　　　　　1935.6.9　代田二丁目

乗客の増加に対応するため制御車を新造。250形254号がメーカーより回送されて来た直後の状況。日本車輌製はD16形台車であった。1938.6.5　永福町

下北沢に向かって築堤を駆け上がる107号。モダンな車体に川崎製の一体鋳鋼台車がよく似合っていた。右端の踏切は今日でも見られる。

1936.3.24　代田二丁目－下北沢

23形は京王電軌初期の代表的ボギー車で、大正9年から6年間で44輌が製造された。路面電車スタイルで、昭和期の中型車登場後も、近郊用として活躍した。この60号のようなウエスチングハウスタイプの大型パンタ付きは極めて少数であった。　　　　　　　　　　　1939.11.5　桜上水

■京王電軌

　京王電車をはじめて見たのは、東京に出て来て間もなくの事で、1925（大正14）年の頃だったと思う。新宿の追分交差点近くの路上にあった京王線の発着所に出入りする姿で、当時は市電とあまり変らない様な印象であった。

　中学に入ると、新宿駅南口から学校までの甲州街道上の坂道を、毎日電車と並んで登下校する事になった。この坂道では、路肩の狭い下り線路側を歩く事が習慣になっていて、電車スレスレに接触するのを気にしながら歩いたものである。この登下校のお影で、多様な

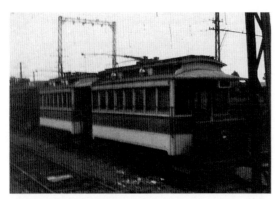

昭和11年の北沢車庫。開業期の木造単車は13・14号だけがポール集電、オープンデッキの姿のままで残され、長く休車状態になっていた。
　　　　　　　　　　　1931.10.11　北沢車庫

形式の分類を、比較的短期間に頭の中で整理する事が出来た。

　1926（大正15）年12月、京王電軌は系列の玉南電鉄を合併して、軌間を京王側に合わせて1372㎜に改軌する工事にも着手した。同時に、追分の路上にあったターミナルを移転すべく、至近に駅ビル併設の専用停車場、四谷新宿駅を着工して、翌年の10月に竣功した。

　1928（昭和3）年5月より、四谷新宿～東八王子間の直通運転が開始され、その後クロスシート付きの150形の投入や急行電車の運転も始まり、中央線の省線電車よりも一歩先じる形になった。

　1935（昭和10）年当時の車輌は、市電タイプの木造単車群は大半が大震災被害復興のため横浜へ転出し、唯一残置されていた13・14号は原形のまま北沢車庫に長く置かれていた。

　市電型でボギーの19号形4輌は電動貨車化され、23号形44輌は一部廃車と他社譲渡が始まっていたが、まだ近郊ローカル用の主力であった。

　旧玉南の木造1形10輌は全車健在で、京王型で最初の半鋼車110形12輌、同型でクロスシートの150形15輌、近代的な丸屋根車125形5輌と同型の200形6輌、300形が6輌、この他、貴賓用として500号が1輌存在していたが、1937（昭和12）年からのクロス車のロング化、3扉化に合わせて500号も一般車に改造されてしまった。

京王電軌新宿ターミナルの変遷

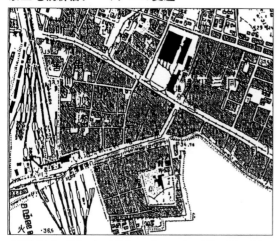

左は新宿追分の路上にあった時代で、向かいにある市電の車庫は現在の伊勢丹。右は昭和2年に完成した四谷新宿駅の時代。駅の南隣りに母校の府立六中が見える。　　陸地測量部発行1：10000地形図「四谷」（左：大正10年修正測量　大正12年発行／右：昭和12年修正測量　昭和15年発行）より転載

▶19形19号車。京王電軌最初のボギー車で、少数のため電動貨車の種車になり、早期に姿を消した。　1931.10.11　北沢車庫

▼1形1号。大正15年製の玉南電鉄引継車で、中型車では唯一の木造車。丸い妻面と雨宮の板枠台車が特徴であった。
1937.12.27　初台

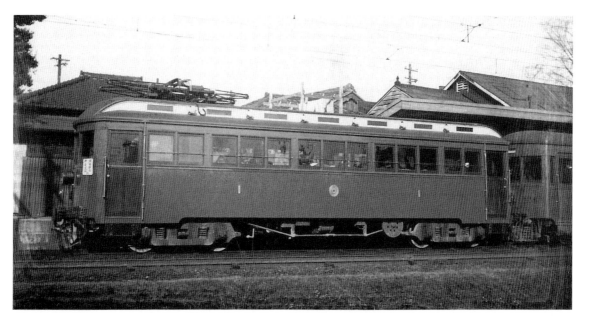

150形162号。昭和4年製の半鋼製車ながらも、依然として堂々たるダブルルーフ車。2扉セミクロスシートであったが、昭和12年頃より順次3扉ロングシート化された。　　　　　1937.11.23　桜上水ー上北沢

200形205号。125形と共に戦前期の京王電軌標準スタイルを造った。戦前期の上北沢駅は相対式の低床ホームであったことが判る。 1938.4.24　上北沢

300形301号。125、200形に引き続き日車で製造された半鋼製2扉車。出入台は室内にステップ1段、室外に連動のステップが1段装備されていた。

1937.2.5　桜上水

15号無蓋電動貨車。19形電車より改造された小型のデト。らせん式連結器を付けているが、車体は近代的なスチール製である。　　1936.11.15　桜上水

●武中電車のこと

　武蔵中央電気鉄道は八王子市内の路面電車として1929（昭和4）年から翌年にかけて、京王線東八王子駅前である京王駅前より高尾橋までの間を全通させた。さらに1932（昭和7）年には、省線八王子駅前へ向う分岐線も開通させた。

　車輌は、日車製の半鋼製低床ボギー車1～13号（4・9を除く）の11輌と木造単車51号1輌が在籍していた。

　51号は元京都電気鉄道（後の京都市電）の狭軌車で、市電広軌化で余剰となり、西武軌道（新宿線）を経て入線したもの。私が訪れた1934（昭和9）年7月に京王駅前より高尾橋行きの運用に就く51号を目撃したが、写真を残せなかったのが残念である。

　武中電車の経営状態は、始めから芳しいものでは無く、途中京王電軌に吸収されるが、収支はさらに悪化、1939（昭和14）年末までに全線が廃止されてしまった。

武蔵中央電鉄6号。これほど地味なスタイルも珍しいが、小型ボギーの車体は重宝がられて、廃止時に各地に売却され、一部はナローの客車にもなった。
1934.7.30　八王子駅前

開業期の木造車に続いて登場した川崎造船タイプのモハ550形558号。関東地方で全鋼製の電車は地下鉄に次ぐものであった。　　1932.3.21　高田馬場

■旧西武鉄道

　国分寺～川越間の川越鉄道を母体として、1922（大正11）年11月16日成立した西武鉄道は、1927（昭和2）年4月に、村山線高田馬場(仮)～東村山間を複線で一気に開業した。同時に東村山～川越間の在来区間も単線のまま電化工事を竣功している。その翌年には、高田馬場も仮駅より省線の下をくぐって、現在地に乗り入れた。島式ホーム1本と引き上げ線だけのターミナルであった。

　しかし、ここで未電化で残された川越線の国分寺～東村山間は、相変らず蒸気機関車が明治のマッチ箱客車をひく、川越鉄道時代そのままの姿で残された。また本線開通と同じ1927（昭和2）年8月には、武蔵境～是政間の多摩鉄道を買収して同社多摩線（現・多摩川線）とした。同線も未電化で、マッチ箱列車とガソリンカー、砂利列車の世界であった。また、この他、川越久保町～大宮間の大宮線と新宿～荻窪間の新宿線（軌道線）も西武鉄道に合併されていた。

多摩鉄道から引き継がれた多摩線の蒸気機関車A1号。前身は大阪鉄道（後の国鉄関西本線大阪方）が導入した英国ダブス製1-B-1タンク機で、国有化後は220形220号となっていたもの。
1939.3.21　武蔵境

キハ10形12号。昭和3年に多摩線用として登場した木造2軸ガソリンカー3輛の内の1輛で、黒板工業所製の40人乗り。　　　　　1937.4.18　武蔵境

キハ20形20号。昭和13年に登場した半鋼製の2軸ガソリンカー。春秋のお彼岸とその前後には、多磨墓地前行きを15分毎に運転するため増備された。
1938.4.17　新小金井

3号機関車のひく多摩線旅客列車。3号は明治35年、英国ナスミスウイルソン製1-B-1型で、鉄道作業局A8クラス。後に続くのはハ1＋ロ1＋クハ606。
1938.3.20　武蔵境

川越鉄道1号機関車。有名なドイツ・クラウス製の輸入Bタンク機。同型機は九州鉄道に20輌、甲武鉄道に2輌、日本鉄道に1輌、そして川越鉄道に2輌が存在したが、川越以外は全て国有化されて10形となった。
1939.9.24　武蔵境

新小金井駅に入る3号機けん引の是政行旅客列車。多摩河原への遠足の子供たちが楽しそうである。　　　　　1939.9.24　3号＋ハ×3＋クハ600形

　私が初めて高田馬場から村山線に乗ったのは、中学に入って間もなくて、まだカメラを持たない頃であった。その頃の車輌は、村山線開通時の平凡な木造車モハ500形10輌と、同時期の川崎造船製全鋼製モハ550形12輌、クハ600形8輌が主力車輌であった。

　モハ550、クハ600形20輌は、深い屋根とアーチの水切り、前面の高い腰羽目とハッキリした三ツ面折り構造など、数ある川造タイプの中でも相当のインパクトを感ずる車輌で私の好きな車輌の一つでもあった。

　未電化の川越線、多摩線では、どちらも英国製1B1タンク機関車が主力で、客車はマッチ箱にまざって全鋼製クハ600形も出張していた。

　大宮線は長閑な沿線と木造単車が良く似合う楽しい雰囲気を持っていた。1933（昭和8）年に1度乗っただけで、私が出征中の1941（昭和16）年に廃止となってしまった。

川越鉄道開業当時のマッチ箱客車ハフ1形1号。コンパートメント各室扉付きであったものを更新で2扉に改造してある。昭和10年代の国分寺・多摩線に8輌が在籍していた。
　　　　　　　　　　　　　　　　　　　　　　　　　　1937.4.18　北多磨

■多摩湖鉄道

多摩湖鉄道は、小平地区に広大な土地を所有する箱根土地会社が、学園都市計画を基に、1928（昭和3）年4月6日国分寺～萩山間を開通させた。同年中に萩山～本小平（西武村山線小平の目と鼻の先）も開通、さらに水源湖である村山貯水池への観光客輸送を目ざ

昭和3年、多摩湖鉄道の開業時に投入された日本自動車製の特異なスタイルのガソリンカー、キハ1形2号。結局電化されたため、この2号のみ予備車として戦後まで萩山に置かれていた。　　　1937.3.29　萩山

優雅なデザインの車体にラジアル台車の組合せは絶妙であった。本小平駅に停車中の10号車。　　　1937.3.29　本小平

国分寺駅に停車中のモハ20号。車体幅が狭かったので、高床式のホームに合わせて踏み板が張り出していた。　　　1934.7.30　国分寺

して、萩山－村山貯水池（仮）間を1930（昭和5）年1月に開通させた。村山貯水池へは、隣の西武鉄道も東村山より村山貯水池前まで分岐線を延ばし、武蔵野鉄道も西所沢より村山公園まで先行開業していたので、3社で観光客を奪いあう形になってしまった。

開業当初の車輌は、自動車メーカーの日本自動車（日本鉄道自動車ではない）製の2軸ガソリンカー2輌と松井工作所製の2軸ガソが2輌投入された。合計4輌のガソリンカー、調子が悪かったため、エンコする度、学生を中心とした乗客とのトラブルが発生した。このため応急用に蒸気機関車と小型客車も準備されたが、結局1925（昭和5）年中に全線が電化された。

この時、駿豆鉄道から元大阪高野鉄道のラジアル台車付き2軸電車10～12号の3輌と、少し遅れて元京王の23形3輌を購入して20～22号とした。これでエンコによるトラブルは解消とはいかず、しばらく予備用のキハ1輌と蒸気機関車、客車が残置されていた。

私が何回か訪れた昭和10年代でも、沿線は雑木林と田園ばかりの武蔵野そのもので、道を選ばず国木田独歩を気取って歩いていると、2時間少しして全線を歩いてしまった。

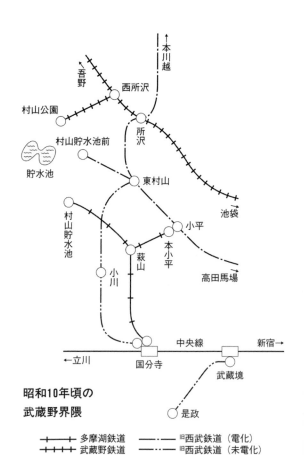

昭和10年頃の武蔵野界隈

———+——— 多摩湖鉄道　　　———·—·— 旧西武鉄道（電化）
+++++ 武蔵野鉄道　　　———···— 旧西武鉄道（未電化）

86

キハ1形2号の側面。当初は形式をジハ1形（1・2）と称した。調子が悪かったのか、就役間もなく扉増設、足廻りの大幅な変更などの大改造を受けた。写真では平凡な下回りに改造されているが、原型は軸受とバネが車輪の内側に装着された自動車メーカー的な設計であった。　　　　1937.3.29　萩山

大正3年梅鉢鉄工製のモハ10形10号。元大阪高野鉄道から駿豆鉄道を経由して、昭和5年に入線したもの。曲線通過がなめらかなラジアル台車をはいていた。
1937.3.29　萩山－本小平

小平学園駅を出発したモハ20号。元京王の23形30号で、ステップ撤去と
パンタがポールに変った以外は原形のままである。

1937.3.29　小平学園（現在の一橋学園−青梅街道間）

■武蔵野鉄道

　1915（大正4）年4月、池袋〜飯能間を非電化で開業した武蔵野鉄道は、1922（大正11）年10月の池袋〜所沢間を皮切りにして、全線で1200Vによる電化工事が進められ、1929（昭和4）年10月には吾野まで電車運転を開始した。

　非電化時代の車輌は、蒸気機関車による客車列車であったが、電化直後から16m級の木造ボギー車が各種投入され、1926（大正15）年10月からは、武蔵野独特の小窓の並んだ半鋼製車輌も登場した。

　その中で注目に値する車輌として、デハ5560形とサハ5660形（武蔵野ではクハもサハと呼称した）の2輌編成2本の存在がある（57頁写真参照）。1928（昭和3）年6月に登場したいわゆる川崎造船タイプであるが、全鋼製、2扉でクロスシートを装備していた。あまり述べられていない事であるが、McTc編成を前提とした完全な片運転台構造の窓配置（両運化を考えない）としては、私鉄で最も早い存在と考えられる。

　私が初めて武蔵野鉄道に乗ったのは、吾野まで全通した1929（昭和4）年の事で、天覧山付近を踏破する徒歩旅行の折であった。その際、飯能の駅で目撃した事であるが、貨物用の凸型電機デキカ21形（小田急1・2と同型）が旅客を満載した数輌のマッチ箱客車を牽いて吾野方面へ出発して行くのを見た。電車化後、相当たった後も客車列車が残っていたのである。また、ターミナルの池袋駅でも、貨物の入れ換えには日本では珍しいヘンシェル製のCタンクが使われていた。

◀デハ100形に引き続いて増備された出力増強型のデハ130形131号。　1939.8.23　桜台

▼デハ310形311号。同型のサハ315号と1形式1輌同士でMcTc編成を組んでいた。デハ130形より1m車長を伸ばして省電並みの17m級車体になった。
　　　　　1938.4.6　練馬

▶大正11年の武蔵野鉄道開業に際し準備されたデハ100形102号。電動車→制御車→電動車と複雑な経歴を持つが、写真の撮影時には電装解除されていたようで、便宜的に書かれたのか、本来武蔵野には無い〝クハ〟の表記が見える。

　　　　　1939.8.23　練馬

▶デハ5550形5551号。川崎造船製の半鋼製2扉セミクロスシート車。電装品が三菱に変わり、大きなウエスチングハウス製のパンタグラフ付きである。停車中の駅は現在の池袋－椎名町間に位置した〝上り屋敷〟（あがりやしき）駅である。

　　　　　1939.8.23　上り屋敷

▼デハ1320形1321号。戦前期の武蔵野の車輌は全て出入口ステップ付きで、しっかりした手摺りを装備していた。

　　　　　1932.12.17　豊島園

4．市内を歩く

東京の西南、市域を少し外れた近郊に住む者にとって、市内中心や下町、北東地域に足を向ける時は、それなりに冒険心をかきたてられ、ワクワクするものであった。

■東京市電

中学時代、休日などに新宿、渋谷を起点とする市電に乗って、市内中心を相当歩き回った。当時の乗換システムを使えば、市内の何処でも行けて、市電程便利で安い乗物は他に無かった。

当時の新宿ターミナルは、省線の駅前にあって、11、12、13系統の起点であった。車輌は木造のボギー車3000形を中心に、4200、5000形も多く見られた。一方、渋谷では、ハチ公前のターミナルからは、9、10系統が出ていて、ここも3000形が中心で、他形式はめったに入らなかったと記憶している。

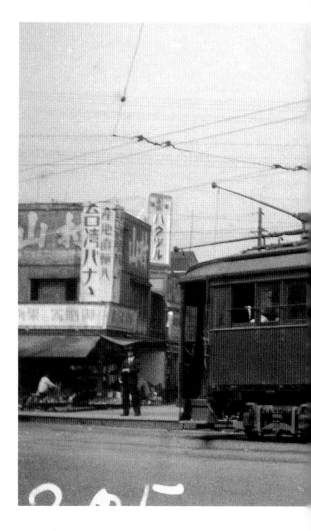

▲大正10年生まれの1300形1350号。1000、1500形と共に中型ボギー車群は、市内中心部と下町方面に多く見られた。　1934.6.1　須田町

▶玉電マークを下げた市電400形410号。昭和12年7月27日、玉川電気鉄道から渋谷～天現寺橋、渋谷橋～中目黒間の経営委託を受けた東京市は、広尾車庫所属の木造単車400形を投入、玉電の車輌は山手線の内側から姿を消した。　　　　　　　　1937.12.29　並木橋

東横マークを下げた市電411号。昭和13年4月1日、玉川電気鉄道は東京横浜電鉄に吸収合併され、委託路線であった天現寺系統の電車にも玉電マークに代わって東横マークが掲出された。　　　　1938.9.26　渋谷

1937（昭和12）年7月、玉川電車の渋谷ターミナル改良工事着工に伴う同線の市内区間と市外系統の分断で、市内区間の運営が東京市に委託された。渋谷駅の東側、東横線高架下に設けられた新ターミナルには、広尾車庫所属の400形が顔を出す様になった。

私の興味のあった木造の1000～1500形は、あまり山手方面では見られず、時々足を伸ばす市内中心、下町方面では、同形式を求めて停留場で何台もやりすごした思い出がある。しかし、丁度鋼体化の時期と重って、あっと言う間に、その姿を見なくなってしまった。

5000形5008号。昭和5年に12輌が製造された東京市電最大の車輌。大増備が予定されていたが、昭和18年に12輌が増備されただけで終った。前期、後期では屋根の造作と前頭部の曲線の形状に差があった。写真の塗装は窓回り水色、窓下ダークグリーンであった。　　　　　　1934.6.1　須田町

1200形1204号。当時流行の流線型を採り入れたもので、昭和11年から木造車の鋼体化により109輌が就役した。写真は東京駅の神田方、現在の常盤橋公園付近から省線方向を見たもので、背景の逓信ビルも建築史上にその名を残す流線型デザインであった。　　　　　　1937.7.19　永楽町－鍛冶橋

■旧西武鉄道・軌道線

1921（大正10）年8月に新宿の淀橋～荻窪間の青梅街道上を西武軌道として開業した。

翌年11月には西武鉄道新宿線となり、1926（大正15）年9月には、省線ガードを越えて新宿東口の省線に沿った位置を新宿駅前として開設した。

1935（昭和10）年当時の車輌は、開業期の元京都N電や東京市払い下げの小型木造単車は既に無く、全て木造の中型ボギー車であった。

21形2輌は、京王の23形や玉川の21号形に良く似た「枝光鉄工所」スタイル。ダブルルーフの細幅車体、扉付き出入台が特徴である。

他に23形5輌、28形5輌、33形5輌、38形5輌、43形3輌が在籍。メーカーにより形態に差はあるが、シングルルーフ、オープン出入台、28・33・43形のみ側窓端部に装飾スリガラスの楕円形窓が特徴であった。

▶26号。大正13年に23～27号として東洋車輛で製造された。正面窓と側面窓の高低差がもの凄い。
　　　　　　　1938.8.19　淀橋

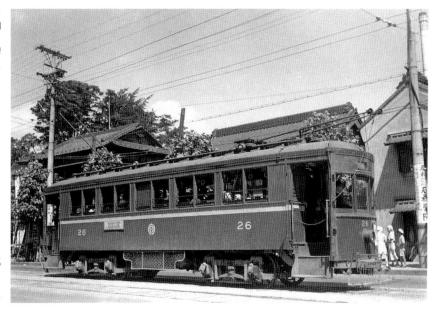

▼43号。昭和3年製の43～45号に属し、客室端部に楕円型のスリガラスの窓が付いていた。
　　　　　　　1938.4.6　高円寺

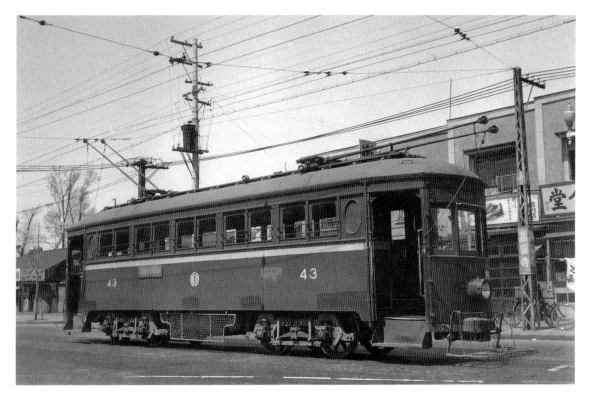

■城東電軌

　江東地区の足として1917（大正6）年に開業した城東電軌は、錦糸町～西荒川間の小松川本線と、荒川の対岸の東荒川と今井を結ぶ江戸川線、本線の途中より南へ分岐する水神森～洲崎間の砂町洲崎線が全路線であった。

　錦糸町のターミナルは、省線錦糸町駅前に建つ鉄筋コンクリート4階建の城東電車ビルの1階裏側に、大屋根付きホーム2線の発着所があった。構内を出てもしばらく専用軌道のため、電車が居なければ郊外電車のターミナルの様であった。建物には白木屋デパートの分店も入っていた。

　本線と砂町洲崎線は、複線で半分が路面区間、江戸

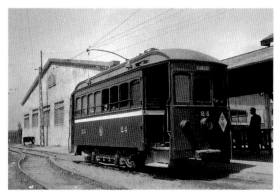

大正12年製の木造単車19～25号タイプの24号。江戸川線の所属車輛4輛の内の1輛で、時々本線系統所属車と車輛交代が実施されていたが、ボギー車の入線はなかった。　　　　　　1938.4.14　東荒川

城東電気軌道路線図

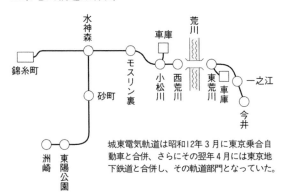

城東電気軌道は昭和12年3月に東京乗合自動車と合併、さらにその翌年4月には東京地下鉄道と合併し、その軌道部門となっていた。

川線は単線で殆ど専用軌道であった。当時の路面区間は舗装の不完全もあって、雨の日には道路面も線路もドロンコになっていた。当時の東京名物、悪路である。西荒川～東荒川間の小松川橋は、木橋で電車が乗り入れ出来ないため、専用の連絡バスが、頻繁に往復していた。

　昭和10年頃の車輛は、城東オリジナルの木造単車が14輛、震災後に登場した木造ボギー車51～57号が7輛、続いて半鋼製ボギー車の61～64号と同型で増備の71～73号の7輛が当時確認出来た。江戸川線には4輛の単車が配置されていたが、時々交替する車輛の回送はどの様な手順をとったのか知りたいものである。

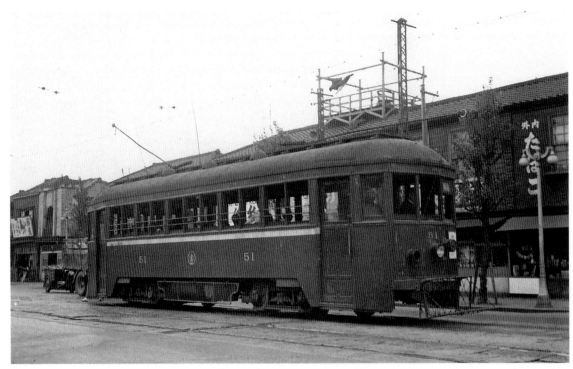

大正13年製の木造ボギー車、51～57号の51号。全車輛市営化後も引き継がれたが、戦災で全車焼失してしまった。　　　　　　1938.7.22　水神森

▲大正13年製の木造ボギー車300形312号。意図的に個性を出したのか、単にセンスの問題なのかよく判らないが、強烈な印象を受ける車輌であった。総勢20輌中1輌も欠けることなく東京市に吸収され、終戦直後の銀座通りや都心部を走った。　1936.9.23　赤羽

▶大正14年製の木造ボギー車400形401号。前面が5枚窓のような円弧を描いているのが特徴。
1933.4.27　尾久

■王子電軌

　1911（明治44）年8月、大塚～飛鳥山間の開業を始めとして、1932（昭和7）年1月までに、早稲田～王子～三ノ輪橋、王子～赤羽間が全線複線で開通した。王子～赤羽間を除けば、全線ほぼ専用軌道で、地域的に見ても郊外電車的な性格をおびていた。一方のターミナルである三ノ輪橋は入口に駅ビルもあって、まさに郊外電車のターミナルであった。

　私の訪れた昭和10年前後の車輌は、開業期及び東京市から譲受車も含めて木造単車群は既に無く、木造、半鋼製のボギー車が中心であった。

　300形20輌は、1924（大正13）年生れの高床式の木造車。正面は角ばってゴツイ、側窓、出入台のデザインはアメリカ風、国内で類似の車輌を探すのは困難と言える位特徴ある外観であった。

　400形10輌は、300形の前面に強い丸味をおびさせたスタイルで、個性的な点では前者と優劣つけがたい。

　200形23輌は、大震災後の輸送用として半鋼製の低床車を大量に投入したもの。平凡ながら、メーカーの特徴が出て面白い車輌であった。

5. 北関東を歩く

北関東地域は、父方の実家が群馬の桐生近郊の笠懸村にあった関係で、小さい頃から両親と親類巡りをした。両毛線や東武、上毛、上信、伊香保電車など、何処もなつかしく思い出される。

■東武鉄道

歴史の古さでも路線延長でも関東地方一番の東武鉄道は、他の私鉄とは異なり、何処か当時の省線のイメージで、地域、地域ごとに同じ東武でも違う顔を見せていた。

浅草の業平橋を起点としていた時代の伊勢崎線系統は、運転などのシステムも省線に近いもので、列車そのものが蒸気機関車けん引による客車列車であったから尚更である。

1924（大正13）年10月、浅草業平橋～西新井間で初めて電車運転が開始されて、長距離の客車列車と併用となった。その後は、既路線網の電化も進み、日光や宇都宮方面の様に、初めから電化した新路線の開通も見る様になった。

当初、近郊用には正面5枚窓の木造電車から始まり、

昭和10年代の東武鉄道の標準編成。大型の2丁パンタを装備したデハ5系を先頭に、客車型のサハとクハユ、クハニの編成は、長距離列車の定番の一つであった。　　1936.4.11　久喜　デハ56＋サハ14＋クハユ6

やがて長距離用を兼ねた半鋼製のデハ4～6形に属する一族120輌が投入され、非電化時代の客車で大型のものはサハとしてこれに加わり、東武独特の編成美を確立した。東武タイプは私の好きな電車の一つであって、何故にあの様な形態になったかを考えたが、実際に客車と連結しているのを見て、なんとなく納得したものである。

いま一度、北関東の平野を行く、先端の大型パンタを下げた（上げてはいけない）デハ5形先頭の客車入リ編成を見たいものである。

大正13年製、東武鉄道最初の木造電車デハ1形の6号。近郊用に使用されたが、後に他社へ売却されたり、非電化区間の客車に転用された。背景の家並みは永井荷風の世界を連想させる。
1938.8.17　亀戸天神

デハ16。大正15年に登場した半鋼製の電車型客車ホハ51〜58号のうち5輛を電車化してデハ3系としたもの。客車で走った期間は極めて短い。

1938.4.6　池袋

東武タイプの元祖、デハ4系デハ18を先頭にした浅草雷門（昭和6年乗り入れ）行き急行。前期型は3扉車であったが、車体に比して大型の住友鋳鋼台車を装備して長距離電車の風格を備えていた。前面の向って左側窓は運転台、右側はトイレであった。

1938.7.22　曳舟

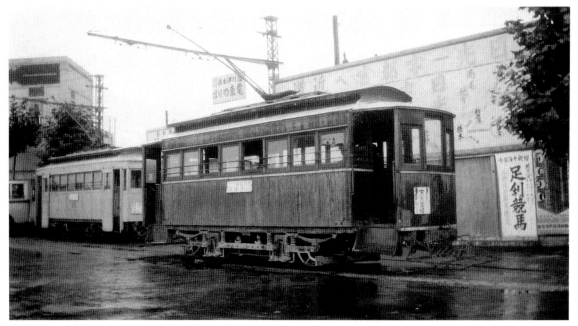

前橋駅前に停車中の前橋線20号。まだデッキの扉も付いていない。伊香保、前橋、高崎の3線で約40輌の車輌が所属していた。　1935.8.6　前橋駅前

■伊香保軌道線

　上州渋川を中心にして、高崎、前橋、伊香保の軌道線は総延長50kmに及ぶ規模で、全て小さな木造2軸電車で運転されていた。

　独特のデザインで統一されている様に見える電車も、細かく見ると丸屋根、二重屋根、車体の大小など、現車はいろいろなタイプに別れていて、見るだけでも楽しかった。1935（昭和10）年頃より、オーブンデッキを外吊り扉付きに改造する工事が進められた。おそらく上州のカラッ風対策と思われる。

　戦前期、伊香保線を中心に全線に乗って見たが、あまり気憶が無い。ゆっくり撮り歩いたのは、戦後も廃止が近づいた頃だった。

▲カラッ風対策で外吊り扉を取り付けた25号。のりば看板の後ろには3線分の上屋のある車庫。
1935.8.6　前橋駅前

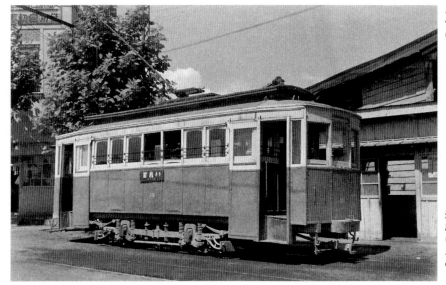

◀30号。様々タイプのあった単車達だが、車体は完全な木製のため、度々ある更新により、東武流の手法によってある程度の共通なスタイルが出来上がった。前照燈は夜間のみ取り付けた。
1939.8.15　前橋駅前

■総武鉄道

現在の東武鉄道野田線大宮～船橋間は、1911（明治44）年開業の千葉県営鉄道から、北総鉄道を経て、1929（昭和4）年11月に総武鉄道となった。

1935（昭和10年）当時、大宮～柏間は1929（昭和4）年に電化されていて、旅客用の電車、貨物用の電気機関車は全て新造車が揃えられていた。

車輌は、モハ1000、モハニ1100形が各4輌、クハ1200形が2輌の計10輌で、近隣の東武タイプに影響されない2段上昇窓の近代的なデザインの車輌であった。貨物用には、イングリッシュエレクトリック製のデキ1～3号が使用されていた。

柏～船橋間は未電化で、ガソリンカーが主力であった。日車製の標準スタイルであるキハ101～103、204、205号の5輌で、いずれも半鋼製2軸車であった。貨物用には、蒸気機関車4・5号が在籍していた。

▶モハ1000形1002号。昭和4年の総武鉄道電化に際し日本車輌で計10輌が新造された半鋼製車の1輌。内訳はモハ1000形4輌、モハニ1100形4輌、クハ1200形2輌であったが、車体の基本的な造作は全く同一であった。　1935.8.3　柏

▼非電化区間の柏～船橋間用に投入された日車標準タイプの2軸ガソリンカー、キハ100形3輌のうちの103号。後年車体延長してボギー客車となった。

1938.7.20　柏

総武鉄道4号。大正12年8月雨宮製のCタンク機で、4・5号の2輌が在籍していたが、昭和19年の東武鉄道合併時にはこの4号は引き継がれなかった。
1935.8.3 柏

●上州鉄道のこと

　館林の駅を入ると、貨物線越しの正田醤油側ホームに、いつも停車している木造のガソリンカーを目にした。現在の東武鉄道小泉線の非電化時代の姿である。

　同線は1917（大正6）年3月、館林〜小泉町間を中原鉄道として開業、1922（大正11）年に上州鉄道と改称した。2軸のガソリンカーが、3輌在籍していて、それぞれ形も前歴と異なるものであった。

　同社は、1937（昭和12）年1月に東武鉄道に吸収されたため、写真は東武鉄道になった直後の姿である。

東武鉄道に吸収直後の元上州鉄道キハ3号。昭和18年の小泉線電化まで使用され、昭和25年に廃車となった。
1939.4.1 館林

日車標準タイプのキハ1形1号。昭和25年の越生線電化まで使用された後、川越市駅で長く休車体をさらしていた。 1936.4.9 坂戸町

■越生鉄道

東上線の坂戸町から越生までの越生鉄道は、1934（昭和9）年12月に非電化で全通した比較的歴史の新しい路線であった。

在籍車輌は、ガソリンカーキハ1〜3号のたった3輌のみ。日車標準タイプの半鋼製2軸車で、旧相模鉄道キハ1、2などとも同型であった。

1943（昭和18）年7月、東武鉄道に吸収合併後も非電化のままキハ1〜3号が活躍、電化したのは、戦後1950（昭和25）年7月の事であった。

キハ1形2号のサイド。越生鉄道開業の約1年後の撮影である。エンジンと伝達軸がよく見える。 1936.4.9 坂戸町

電化時に投入された秩父鉄道デハ10形10号。大正10年に梅鉢鉄工所製の
木造車体とブリルＭＣＢ台車、ウエスチングハウス製の電装品を組み合
わせて製作されたもの。　　　　　　　　1938.7.18　熊谷

秩父鉄道の1号機関車。明治22年英国ダブス製Cタンク機で、関西鉄道を経由して明治34年3月秩父鉄道の前身である上武鉄道に入籍。電化後も使用され、昭和9年6月廃車となったが、昭和13年5月まで熊谷駅構内に放置されていた。　　　　1937.8.29　熊谷

■秩父鉄道

　1901（明治34）年10月、上武鉄道（1916年秩父鉄道と改称）として熊谷〜寄居間を開業したのを始めとして、三峰口まで全通したのは1930（昭和5）年3月の事であった。この全通時には一部を除いて電化も完成した。昭和10年代に入ると、沿線の観光開発が加速して、奥秩父連峰、三峰山、長瀞渓谷への足として、ハイカーと善男善女の人気路線となり、シーズンには上野から客車も直通していた。

　当時の車輌は、大正末期に製造された木造ボギー車が主力で、丸屋根におわん型ベンチレーターが特徴であった。また、当時も貨物が輸送のメインで、格別大きいパンタグラフのウエスチングハウス製の電気機関車が活躍していた。

■上信電鉄

　1897（明治30）年5月、762mmゲージの上野鉄道として発足した。1921（大正10）年9月上信電気鉄道と改称、1924（大正13）年に軌間を1067mmに改軌の上、電化された。

　その名が示す通り上州と信州を結ぶ遠大な計画もあった様であるが、終点は上信国境の山塊に行く手を阻まれて下仁田にとどまっていた。

　昭和10年代の車輌は、省型に似て非なる平凡なダブルルーフの木造車ばかりであったが、電気機器は、貨物用の電気機関車本体も含めシーメンス製を多用していた事は、特筆に値する事である。

　全線を踏破したのは戦後の事であるが、車庫のある高崎駅ではいつも電車観察が楽しめた。

上信電鉄の改軌翌年の大正14年に登場したデハニ1形2輌のうちの2号。昭和30年代の鋼体化まで原型で活躍した。
1935.8.6　高崎

東武線内の新桐生付近を行くデハ100形103号。上毛電鉄開業時に投入された川崎車輌製の半鋼製車輌で、スマートではないが、アクセントの強い車輌。昭和7年3月、東武鉄道が新大間々（現・赤城）まで開通すると、中央前橋～太田間の直通運転が実施された。
1933.8.26　新桐生付近

■上毛電鉄

　中央前橋～西桐生間を結ぶ上毛電鉄の歴史は比較的新しいもので、1928（昭和3）年11月に開通している。北関東の両都市と、途中の町村を結ぶ都市間連絡鉄道の小型版の性格を持っていた。

　運転も、両ターミナルを定時発車の30分間隔とし、貨物も貨車によらず、電動貨車のみで運転するものであった。また、1932（昭和7）年3月に、途中の新大間々（現・赤城）まで開通してきた東武鉄道に乗り入れ、中央前橋～太田間の直通運転も実施していた。

　1935（昭和10）年当時の車輌は、開業時に川崎車輌で新造したデハ100形4輌と同型のデハニ50形2輌、電動貨車を改造したデハ10形1輌の計7輌が在籍していた。各車上毛タイプとも呼ぶべき独特のスタイルをしていた。スマートでは無いが、ものすごく広い幕板、横長の窓など他に類似の車輌を見ないもので、台車も川崎製ボールドウインタイプの弓型イコライザー型ながらオールコイルバネ、電車で日本最初？のコロ軸受など、非常に進歩的であった。

　伊勢崎など他都市への新線も計画していた北関東の都市間連絡鉄道、何処かロマンを感ぜずにはおられない私鉄であった。

デハニ50形51号。デハ100形と同時期に登場した荷物合造車。一見デハ100形と全く同じに見えるが、荷物室扉（一番手前）だけ1100mmと客室扉（940mm）よりも広かった。
1939.8.13　富士山下

あとがき

　1931（昭和6）年3月から1939（昭和14）年12月に出征するまでの9年間を私のカメラ撮影歴第一期としております。学友からも借りたりしてカメラは十数台使用しましたが、自前のものはベスト判とブローニー判の2台だけ。学友のものはガラス乾板が多かったのですが、今では整理に不便しています。

　作品が初めて趣味誌に紹介されたのは帝都電鉄のクハ501と記憶しています。当時はカメラやフィルムの知識があまりありませんでしたので、ピンボケ、露出過度・不足も数多くあり、とても発表できるものではないと思いましたが、先輩諸氏の見事な作品を拝見しますと、公表して皆様に保存して頂くのも一つの方法かと思い、愚作を承知の上でまとめてみました。なにぶん70年も前のことで、満足な記録もありませんし、万事忘却の彼方ですから、記録に誤りもあるかと思いますが、御容赦願います。

　写真のレイアウトや編集については、名取編集長をはじめ、担当の髙橋さん、親交のある関田克孝さんのご協力がなければここまで進行しなかったことと思います。厚く御礼申し上げます。　　　　荻原二郎

下巻の編集を終えて

　一言で東京郊外と言っても非常に広域ですが、荻原さんはそれを少年時代に、ほぼ全域にわたってくまなく撮られています。そのため写真の量も膨大で、今回は上下巻の制約の中で、省の上越線、中央線や富士山麓、富士身延などの作品が紹介できませんでした。そこで、巻末に1枚だけ、富士山麓電鉄（現・富士急行）のモハニ6号を紹介します。木造車で、モワ、モハ時代も含めて趣味誌にはほとんど登場した事のない姿だと思います。他に、同社線内で何故か富士身延の客車型サハが活躍している写真なども撮られていて、これらも今後の紹介に期待したいと思います。

　戦前期つかの間の良い時代とは言え、今日の鉄道少年と同じく、もしくはそれ以上に、カメラ片手に歩き回った鉄道少年がいたわけです。しかも、その少年は御歳90を迎えた今日も、外にあってはカメラ片手に電車ハイキングを続けられ、内にあってもフィルムの整理とアルバムの貼り込みに余念がありません。

　荻原さんこそ、〝万年鉄道少年〟と言えるのかも知れません。　　　　　　　　　　　構成：関田克孝

■参考文献（順不同）
『鉄道ピクトリアル』（電気車研究会）各号
『鉄道ファン』（交友社）各号
『鐵道』（国際鐵道社）各号
『鐵道趣味』（鐵道趣味社）各号
『私鉄史ハンドブック』和久田康雄著（電気車研究会　1993年）
『内燃動車発達史』湯口　徹（ネコ・パブリッシング　2005年）
『レイルNo.10』（エリエイ出版部　1983年）
『RAIL FAN別冊2・3号』（鉄道友の会編　1955・1956年）

　昭和4年6月、富士山麓電鉄が改軌して開業する際、半鋼製のモ1〜5と、貨物用の木造モワ6が用意された。モワは昭和9年にモハニに改造、さらに昭和16年には木造のままモハ1となったが、昭和28年にはモ1〜5と共に日車タイプの車体が新製されて姿を消した。これはその極めて短期間のモハニ時代の6号車の写真である。　1936.6.6　富士吉田